Constanze Derham

ABC DER HANDARBEITEN

Nähen

BuchVerlag
für die Frau

Jeder kann nähen

Selber nähen macht Spaß. Mit einer Nähmaschine und einer kleinen Werkzeugausstattung sind Sie unabhängig von den Passformvorgaben der Konfektion, sparen manchmal sogar Geld und können eigene modische Träume verwirklichen. Wenn aus einem Stück Stoff und einigen „Zutaten" ein einzigartiges Kleidungsstück, eine Tasche, ein Kissenbezug oder andere Dinge ganz nach Ihren Vorstellungen entstehen, ist das viel befriedigender als die Jagd nach etwas Passendem in den Geschäften.

Sie haben noch nie genäht oder lange nicht mehr an der Nähmaschine gesessen? In diesem Einsteigerbuch zeige ich Ihnen die wichtigsten Schritte mit vielen Tricks und Kniffen aus der Praxis. Beginnen Sie mit einem der kleinen Projekte im zweiten Teil des Buches, und Sie werden feststellen: Es ist nicht schwer.

Auch wer nur gelegentlich näht und einzelne Verarbeitungsdetails noch einmal nachschlagen möchte, findet hier Antworten auf die häufigsten Fragen.

Viel Spaß!
Constanze Derham

Impressum

ISBN 978-3-89798-361-8

© BuchVerlag für die Frau
GmbH, Leipzig 2012
Layout und Satz:
Michael Puschendorf, Halle
Fotos:
Constanze Derham, Berlin
Gesamtherstellung:
Salzland Druck
GmbH & Co. KG, Staßfurt

Printed in Germany
www.buchverlag-fuer-die-
frau.de

Die schwarzen Ziffern in
eckigen Klammern verweisen
auf Seitenzahlen im Buch,
die blauen Ziffern in eckigen
Klammern auf die Bilder.

Inhalt

1

Die Grundlagen

Werkzeug [1]

Am Anfang ist nur eine kleine Ausstattung nötig, sie lässt sich später immer noch ergänzen, wenn mit der Übung die Ansprüche steigen. Es lohnt sich, in Qualität zu investieren, denn kaum etwas verdirbt schneller den Spaß als Scheren, die nicht schneiden, oder billige Stecknadeln, die Löcher in den Stoff reißen.

Sie brauchen:
• eine große **Stoffschere** zum Zuschneiden, die nur für Stoff benutzt wird
• eine kleine, spitze **Stickschere** für Feinarbeiten
• feine **Stahlstecknadeln** mit Glaskopf
• ein **Maßband**
• ein kleines Set **Handnähnadeln** in verschiedenen Stärken

• Wer näht, muss leider auch trennen: Ein **Nahttrenner** kostet fast nichts und erleichtert die Arbeit sehr.
• **Bügeleisen** und **Bügelbrett** sowie eine **Papierschere** für Schnittmusterpapier und Folie dürften ohnehin vorhanden sein.

Die Nähmaschine

Das wichtigste Werkzeug ist natürlich die Nähmaschine. Es ist oft gar nicht nötig, eine neue zu kaufen – vielleicht steht bei Mutter, Oma oder Tante noch eine Maschine ungenutzt im Schrank. Ältere Nähmaschinen sind robust und Ersatzteile jahrzehntelang erhältlich, so dass es sich oft lohnt, sie überholen zu lassen. Auch wenn neue Nähmaschinen eine Menge Zusatzfunktionen bieten: Im Prinzip braucht man nur Geradstiche und Zickzackstiche. Soll oder muss es eine neue Maschine sein, dann nehmen Sie bitte nicht die billigste. Die Markennamen auf den Nähmaschinen im Supermarkt sind häufig nicht mehr als ein Etikett, diese Maschinen sind oft unzuverlässig und arbeiten unpräzise. Es macht einfach keinen Spaß, wenn man sich ständig mit den Einstellungen der Maschine beschäftigen muss, um überhaupt eine haltbare Naht zustande zu bringen.

Schauen Sie sich lieber Nähmaschinen in einem Fachgeschäft an, probieren Sie dort einige aus und testen Sie, ob Ihnen die Bedienung liegt. Die Einsteigermodelle der bekannten Nähmaschinenmarken unterscheiden sich kaum in der Ausstattung, wie beim Autokauf ist hier eher das Bauchgefühl entscheidend.

Zur Nähmaschine gibt es im Allgemeinen gleich das nötige Zubehör [2] dazu: Spulen für den Unterfaden, verschiedene auswechselbare Nähfüße zum Geradeaus-Nähen, zum Einnähen von Reißverschlüssen [S. 24] und zum Nähen von Knopflöchern [S. 28].

Nähmaschinennadeln sind Verbrauchsmaterial. Sie nutzen sich mit der Zeit ab, daher sollte man immer ein paar Ersatznadeln zuhause haben.

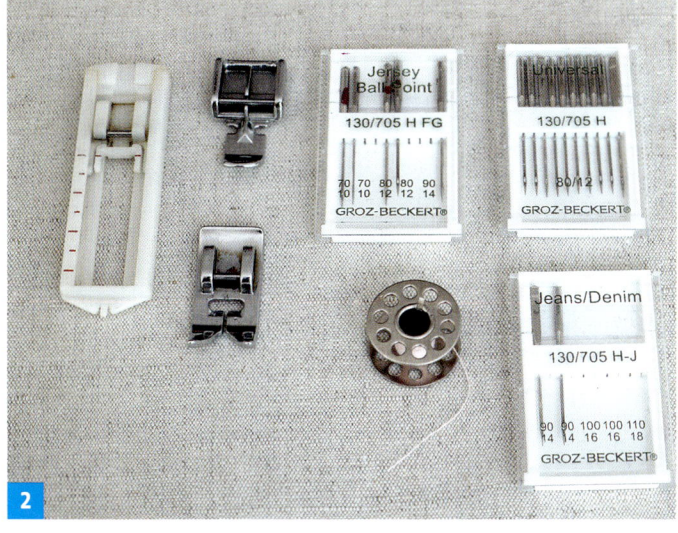

Maschinen haben zusätzlich eine Reihe verschiedener Nutzstiche, die vor allem zum Verarbeiten elastischer Materialien geeignet sind.

Die **die Stichlänge** lässt sich einstellen, sie sollte immer an das verarbeitete Material angepasst werden: Feine Stoffe werden mit kleinen („kurzen") Stichen genäht, dicke Stoffe mit längeren Stichen.

Nähmaschinennadeln gibt es in verschiedenen Stärken:
• dünnere Nadeln, Stärke 70 oder 80: für feine Stoffe
• dickere Nadeln, Stärke 90 oder 100: für dicke und feste Stoffe

und in verschiedenen Sorten:
• Jeansnadeln: erkennbar am dreieckigen Querschnitt, durchdringen feste, dicht gewebte Stoffe ohne zu brechen
• Jerseynadeln: haben eine kugelige Spitze und verursachen daher bei Trikotstoffen keine Laufmaschen.

TIPP: Da sich Jerseynadeln mit bloßem Auge nicht von Standardnadeln unterscheiden lassen, markiere ich die einzelnen Nadeln noch in der Packung, zum Beispiel mit einem Tropfen Nagellack.

Die **grundlegenden Funktionen Ihrer Nähmaschine** werden in der Bedienungsanleitung beschrieben: wie man einfädelt, die Unterfadenspule einlegt, Nadel und Nähfüße wechselt und die verschiedenen Stiche einstellt.

Für die meisten Nähprojekte genügen der Geradstich bzw. Steppstich [S. 16] und der Zickzackstich. Die meisten

TIPP: Wenn sich der Stoff an der Naht zusammenzieht oder sich bei elastischen Stoffen ausdehnt, probieren Sie eine größere Stichlänge aus und verringern Sie nach Möglichkeit den Nähfußdruck, das heißt die Spannung, mit der der Nähfuß den Stoff auf die Stichplatte drückt. Diese Funktion ist bei manchen Nähmaschinen recht versteckt angeordnet und bei sehr günstigen Maschinen bisweilen nicht vorhanden. Sie ist aber eine weitere Regulierungsmöglichkeit, wenn die Naht bei schwierigen Materialien nicht zu Ihrer Zufriedenheit ausfällt.

Die Nähmaschine kann alle Stiche auch „rückwärts" ausführen. Diese Funktion nutzt man, um den Faden am Anfang und Ende der Naht zu vernähen [S.17] und damit die Naht gegen Auflösen zu sichern. Meistens muss dazu ein Knopf gedrückt und festgehalten oder ein Hebel umgelegt werden.

Die Maschine bildet die Nähte aus zwei Fäden, die sich in der Mitte des Materials verschlingen.

Wenn sich die Stiche nicht sauber bilden, der Unterfaden auf der Vorderseite sichtbar wird oder der Oberfaden zu stark auf die Rückseite gezogen wird, reguliert man die **Oberfadenspannung**. Näheres dazu verrät Ihnen das Anleitungsheft der Maschine.
Eine weitere Fehlerquelle könnte das **Nähgarn** sein, das Sie verwenden: Während manche Nähmaschinen mit jedem Garn gleich gut arbeiten, verlangen andere Markennähgarn.
Kontrollieren Sie außerdem, ob Fadenreste oder Staubflocken die Unterfadenspule blockieren und fädeln Sie noch einmal ganz neu ein.

TIPP: Bitten Sie ein Familienmitglied, einen Blick auf Einfädelanleitung und Maschine zu werfen, denn Sie selbst erkennen den Fehler womöglich nicht mehr, auch wenn Sie direkt „davor sitzen".

Stoffe und Einlagen

Der Stoff macht das Kleid. Das Material bestimmt sehr stark, wie ein fertig genähtes Kleidungsstück wirken wird. Offensichtliche Eigenschaften wie Farbe und Muster, aber auch wie der Stoff fällt, seine Dehnbarkeit und Struktur haben Auswirkungen auf das Aussehen des Modells, ja zum Teil sogar auf den Sitz und die Passform. Eine Hose, die aus

einem Stoff mit Elasthan-Anteil [S.70] perfekt sitzt, ist vermutlich viel zu eng, wenn sie stattdessen aus unnachgiebiger Gabardine [S.70] genäht wird. Ein weiter Rock wirkt aus einem leichten, fließenden Stoff ganz anders als aus fest gewebtem Material. Bei der Stoffwahl sollten Sie sich daher nicht nur von Farbe und Muster leiten lassen.

Achten Sie auf die Stoffempfehlungen der Schnittmusterhersteller: Einen Schnitt für Jersey oder andere elastische Stoffe sollte man auf keinen Fall aus Webstoff nähen, denn die Passform ist für nachgiebiges Material berechnet.

Gehen Sie in den Stoffladen und probieren Sie es einfach aus: Wickeln Sie ein Stück Stoff vom Ballen ab und lassen Sie es herunterhängen. „Fließt" der Stoff und würde er sich als Kleidungsstück den Körperkonturen anpassen? Dann eignet er sich für Schnittmuster [S. 9], die diese Eigenschaft verlangen: schwingende Röcke und Kleider, weite, lockere Hosen.

Oder handelt es sich um ein festes Material „mit Stand", das leicht absteht? Dann ist es besser für Jacken, enge Röcke und Hosen geeignet. Vergleichen Sie den Stoff mit dem Material von Kleidungsstücken, die Sie besitzen: Ist der Stoff dünner oder dicker, lockerer gewebt oder fester, fließender oder steifer? So gewinnen Sie mit der Zeit Erfahrung, welcher Stoff für ein bestimmtes Nähprojekt in Frage kommt.

Viele Stoffe haben eine Vorderseite, auf der das Muster oder die Webstruktur am besten zur Geltung kommen. In Nähanleitungen wird sie als **„rechte Stoffseite"** bezeichnet. Manchmal sehen beide Stoffseiten gleich aus, oder möglicher-

weise gefällt Ihnen die eigentliche Rückseite, die **„linke Stoffseite"**, sogar besser als die rechte Seite, dann verwenden Sie ruhig diese Seite als Ihre Vorderseite. Wichtig ist nur, immer die gleiche Seite nach außen zu verarbeiten.
Meistens gibt es doch minimale Unterschiede im Glanz oder in der Farbschattierung zwischen beiden Seiten, die erst beim fertig genähten Kleidungsstück auffallen.

WICHTIG: Jeder Stoff sollte vor der Verarbeitung einmal in der Waschmaschine gewaschen werden, und zwar mit der Temperatur, mit der das genähte Kleidungsstück in Zukunft auch gewaschen werden soll. Dann kann später nichts mehr einlaufen. Eine Ausnahme sind Stoffe für Abendkleider, Walk- und Wollstoffe, also Materialien, die auch als fertiges Kleidungsstück nicht in die Maschine wandern werden.

In der Stoffkunde am Ende des Buches [S. 70] finden Sie einen Überblick über die häufigsten Stoffarten und ihre Verarbeitung.

Spezielle **Einlagestoffe**, die man in verschiedenen Stärken im Stoffgeschäft kaufen kann, sind manchmal notwendig, um bestimmte Teile eines Kleidungsstücks oder einer Tasche zu stabilisieren, man denke nur an Hemdkragen [S. 35] oder den Hosen- oder Rockbund [S. 46]. Einlagen wie Vlieseline haben auf einer Seite eine Klebeschicht und werden auf den Oberstoff aufgebügelt. Welche Teile verstärkt werden müssen, steht in der Regel im Schnittmuster [S. 9], ebenso welche Sorte Einlage verwendet werden soll. Aber auch hier ist letztlich entscheidend, welchen Stoff Sie verwenden und welche Wirkung Sie erzielen möchten. Legen Sie die Einlage unter Ihren Stoff, testen Sie Fall und Festigkeit und vergleichen Sie beides mit vorhandenen Kleidungsstücken.

Die **Einlage** wird im Allgemeinen genauso groß wie das jeweilige Schnittteil [S. 12] zugeschnitten. Mit der Klebeschicht nach unten auf die linke Stoffseite (die Rückseite) legen und mit der vom Hersteller angegebenen Bügeltemperatur (meistens Einstellung „Wolle")

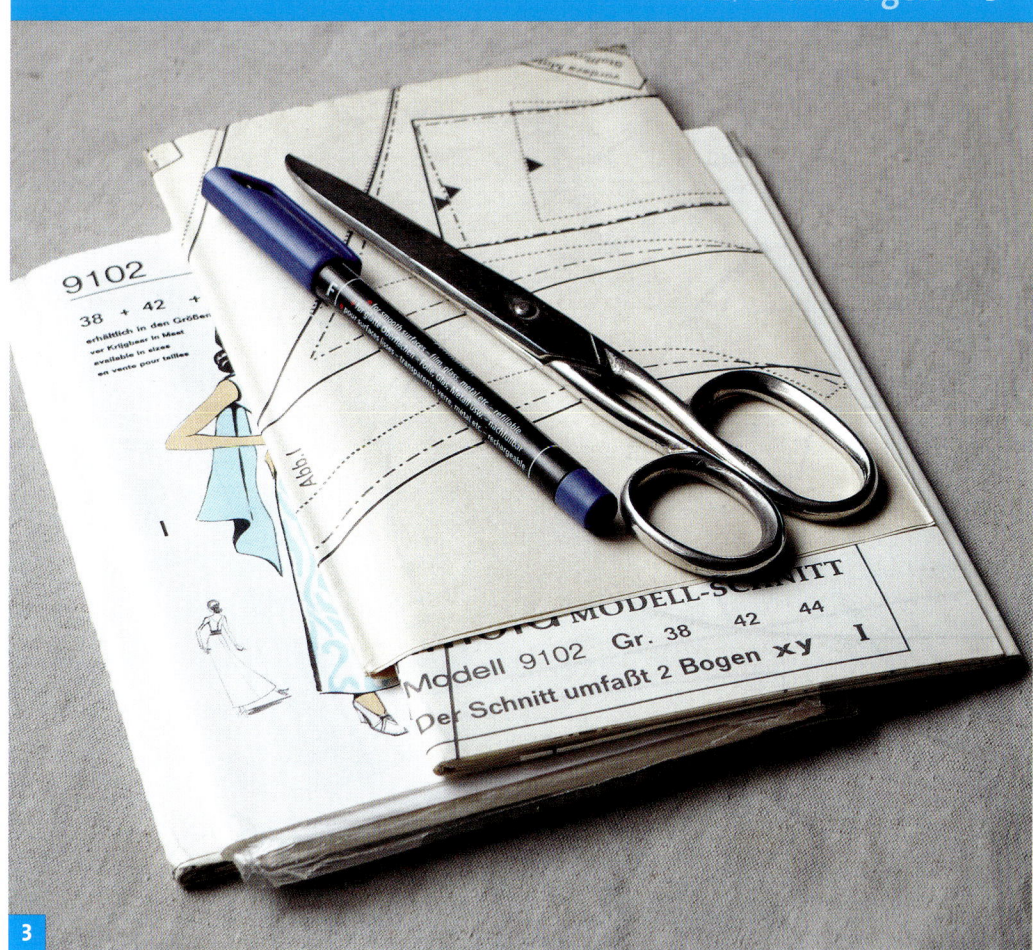

3

aufbügeln. Das Bügeleisen dabei mehr aufdrücken und Stück für Stück versetzen, als schieben. Die bebügelten Stücke eine Weile flach liegend auskühlen lassen. Eine versehentlich falsch aufgebügelte Einlage lässt sich meistens wieder ablösen, wenn man sie erneut mit dem Bügeleisen erwärmt und das Vlies vorsichtig abzieht.

Schnittmuster [3]

Schnittmuster gibt es mittlerweile von vielen verschiedenen Anbietern: als Einzelschnitt, als Schnittmusterbogen in einem Heft oder auch als Schnittmuster zum Herunterladen, Ausdrucken und Zusammenkleben.

In jedem Fall müssen Sie zunächst die für Sie passende Größe ermitteln. Jeder Schnittmusterhersteller

verwendet seine eigene standardisierte Maßtabelle. Ähnlich wie bei Konfektionskleidung können Sie also nicht davon ausgehen, dass die Größe X, die Ihnen bei Hersteller Y passt, auch bei Hersteller Z die passende Größe ist. Vergleichen Sie vielmehr Ihre gemessenen Körpermaße mit der Maßtabelle des Herstellers, die in der Nähanleitung oder auf der Verpackung des Schnittmusters abgedruckt ist.

Vermessen

Vermessen Sie nun die Person, die Sie „benähen" wollen. Wenn Sie etwas für sich selbst schneidern wollen, bitten Sie ein Familienmitglied oder eine Freundin, Sie mit einem Maßband zu vermessen, und notieren Sie alle Maße auf einem Zettel, den Sie bei Ihren Nähutensilien aufheben. So haben Sie die Maße beim nächsten Mal schnell parat.

Mindestens folgende **Maße** sollten Sie ermitteln:

- den Brustumfang an der stärksten Stelle der Brust, locker über der Unterwäsche gemessen
- den Taillenumfang an der dünnsten Stelle
- den Hüftumfang an der stärksten Stelle

Die Schnittmusterhersteller legen ihren Berechnungen außerdem eine Standard-Körpergröße zugrunde, die Sie auf der Verpackung oder in der Anleitung finden. Wenn Sie stark von dieser Körpergröße abweichen, ermitteln Sie außerdem folgende Maße:

- die vordere Länge von der Mitte der Schulter senkrecht über die Brust bis zur Taille
- die rückwärtige Länge von der Mitte der Schulter senkrecht über den Rücken bis zur Taille
- die Ärmellänge von der Schulter an der Stelle, wo bei einem gut sitzenden T-Shirt der Ärmel anfängt, über die Außenseite des leicht abgewinkelten Arms bis zum Handgelenk
- die Länge von der Taille seitlich senkrecht nach unten bis zum Boden

Die richtige Größe ermitteln Sie nun im Vergleich der gemessenen Werte mit der Maßtabelle des Schnittmusters: Bei Oberteilen wählen Sie die Größe, die Ihrem gemessenen Brustumfang am besten entspricht, bei Röcken und Hosen wählen Sie die Größe anhand des Hüftumfangs aus.

Bei **Kleidern** sind Brust- und Hüftumfang gleichermaßen wichtig. Wenn Sie feststellen, dass Sie laut Maßtabelle zwei verschiedene Größen brauchen, zum Beispiel im Oberteil Größe 40, für das Unterteil aber Größe 42, kopieren Sie beim Schnitt-muster im oberen Teil die Größenlinien für Größe 40 und schwenken auf Taillenhöhe auf die daneben liegenden Größenlinien für Größe 42 um.

Die gemessene Taillenweite ist vor allem ein Kontrollmaß für Sie, damit Sie beim Zuschnitt bei Bedarf besonders breite Nahtzugaben in Taillenhöhe einplanen können. Legen Sie die bequeme Taillenweite bei der Anprobe fest.

Schnittmuster abnehmen/kopieren

Fertigen Sie zuerst eine **Kopie des Schnittmusters** an. Schnittmusterzeitschriften enthalten Schnittmusterbögen, bei denen mehrere Schnitte auf einen Bogen gedruckt sind und sich überschneiden. Sie müssen daher Stück für Stück herauskopiert werden – aber auch bei Einzelschnittmustern lohnt es sich, eine Kopie anzufertigen, statt den Bogen zu zerschneiden: Falls Sie später feststellen, dass eine andere Größe doch passender gewesen wäre, ist der Bogen noch intakt.

Zum **Herauskopieren** eignen sich transparente Papiere, zum Beispiel Seidenpapier aus der Schreibwarenabteilung, Transparentpapier von der Rolle (so genanntes Architektenpapier), für kleine Teile auch Butterbrotpapier oder Backpapier.

TIPP: Besonders einfach wird das Herauszeichnen mit einem CD-Beschriftungsstift und durchsichtiger Folie, die man als „Malerabdeckfolie extra stark" im Baumarkt kaufen kann.

Kleine Abbildungen in der Nähanleitung zeigen Form und Größe der Schnittteile und geben außerdem eine Nummer an, mit deren Hilfe die Teile auf dem Schnittmusterbogen ausfindig gemacht werden können. Bei sehr unübersichtlichen Bögen empfiehlt es sich, die relevanten Linien für Ihre Größe zunächst auf dem Bogen mit Textmarker nachzuziehen.

Legen Sie das Papier oder die Folie auf den ausgebreiteten Bogen und fixieren Sie den Rand mit Büroklammern oder schweren Gegenständen. Nun können Sie die Umrisse der Schnittteile sowie die Markierungen zum Zusammensetzen, zur Position von Abnähern [S. 22], Reißverschlüssen [S. 24], Knöpfen [S. 25] und Hilfslinien wie Fadenlauf [S. 12] und Ärmelansatz [S. 37] leicht kopieren.

Wenn Sie die durchgepausten Schnittteile ausgeschnitten haben, besitzen Sie eine Schnittkopie, die Sie verändern und, falls sie aus Folie ist, sogar mit Klebeband zusammenkleben und anprobieren können. Wenn Sie sich die Schnittmusterteile anhalten, können Sie meistens schon sehen, ob der Schnitt Ihnen passen wird. Oder Sie legen die Schnittteile auf ein fertiges, passendes Kleidungsstück, das in Form und Material dem ähnelt, das Sie nähen wollen. Falls der Schnitt in der Weite erheblich davon abweicht, kopieren Sie besser noch einmal eine größere bzw. kleinere Größe heraus.

Abweichende Längenmaße ändert man gleich am Schnittmuster. Der Vergleich Ihrer Maße für vordere und rückwärtige Länge, Hosen- und Ärmellänge mit den Werten der Maßtabelle sagt Ihnen, was und wie viel Sie verlängern oder kürzen müssen.

Bei manchen Schnittmustern sind sogar die Stellen markiert, an denen Länge eingefügt oder weggenommen werden sollte. Auf jeden Fall wird nicht einfach nur am Saum [S. 48] verlängert bzw. gekürzt, sondern innerhalb der Schnittteile, so dass die Proportionen des Schnittes erhalten bleiben.

Die Längenänderungen nehmen Sie an folgenden Stellen vor:
• bei Hosenbeinen je zur Hälfte oberhalb und unterhalb des Knies
• bei Ärmeln je zur Hälfte oberhalb und unterhalb des Ellenbogens
• bei Vorder- und Rückenteilen zwischen Brust und Taille

Zeichnen Sie mit dem Lineal eine waagerechte Linie und schneiden Sie das Schnittmuster dort auseinander. Ziehen Sie die Teile parallel auseinander bzw. schieben Sie sie übereinander.

Dann kleben Sie mit Klebeband das Papier oder die Folie unter die Lücke bzw. kleben Sie den Schnitt neu zusammen. Knicke und Verschiebungen an den Außenkanten werden ausgeglichen.

Haben Sie am Schnitt viel verändert, probieren Sie ihn am besten zuerst mit nicht so teurem Material aus, ehe Sie guten Stoff zerschneiden. Ausgemusterte Bettwäsche eignet sich zum Beispiel gut, um die Passform eines geänderten Schnittes zu testen.

Zuschnitt

Wenn Sie das Schnittmuster kopiert und ausgeschnitten haben, geht es ans Zuschneiden des Stoffes.

Breiten Sie die gewaschene und gebügelte Stoffbahn glatt aus, entweder auf einem Tisch, oder – wenn es nicht anders geht – auf dem Fußboden.

Lassen Sie sich Zeit, denn beim Zuschnitt sind viele Details zu beachten, und im Gegensatz zu einer schiefen Naht, die schnell wieder aufgetrennt ist, lässt sich verschnittener Stoff nicht so leicht wieder in Ordnung bringen.

Zugeschnitten wird meistens in **doppelter Stofflage**: das heißt die Stoffbahn wird der Länge nach zur Hälfte gefaltet:
• rechts auf rechts, d.h.: die rechte Stoffseite [S. 8] liegt innen, die linke Stoffseite [S. 8] außen
• die Stoffkanten, die Webkanten, liegen genau aufeinander, sie werden beim Zuschneiden nicht einbezogen

In der Nähanleitung finden Sie den **Schnittauflageplan**, eine schematische Zeichnung, die Ihnen genau zeigt, wie man die Schnittteile möglichst günstig auf der gefalteten Stoffbahn anordnet.

Die gefaltete Kante ist der **Stoffbruch**. Hier werden die Teile des Schnittmusters angelegt, die nur zur Hälfte vorhanden sind, beispielsweise das Rückenteil. Zugeschnitten ergibt sich dann ein komplettes Schnittteil.

Durch das Zuschneiden in doppelter Stofflage entstehen jeweils zwei spiegelverkehrte, gegengleiche Teile, man erhält damit automatisch einen rechten und einen linken Ärmel, ein rechtes und ein linkes vorderes bzw. hinteres Hosenbein.

TIPP: Falls rechte und linke Stoffseite [S. 8] gleich oder fast gleich aussehen, ist es praktisch, die linke Seite bei jedem zugeschnittenen Teil zusätzlich zu kennzeichnen, zum Beispiel mit einem Klebeetikett oder einem Stück Klebeband. Zugleich kann man darauf weitere Details notieren, das erspart zum Beispiel viel Überlegung, wenn der Schnitt aus vielen, sehr ähnlichen Teilen besteht.

4

Der **Fadenlauf** bezeichnet die Richtung, in der der Stoff am stabilsten und am wenigsten dehnbar ist. Bei gewebtem Stoff ist das parallel zur Webkante [4]. Jerseystoffe [S. 70], die gestrickt und nicht gewebt werden, sind in der Länge ebenfalls erheblich weniger dehnbar als in der Breite.

Im Schnittmuster wird der Fadenlauf durch eine gerade Linie mit einer Pfeilspitze symbolisiert. Diese Linie muss beim Zuschnitt parallel zu den Webkanten ausgerichtet werden. Anderenfalls besteht die Gefahr, dass die

Schnittteile nicht richtig fallen, dass Hosenbeine Falten schlagen oder sich Knopfleisten wellen.

Es gibt aber auch Schnitte, die im **schrägen Fadenlauf**, das heißt in einem Winkel von 45° zu den Webkanten aufgelegt werden sollen. Sie machen sich zunutze, dass der Stoff in dieser Richtung besonders dehnbar ist und sich an den Körper anschmiegt. Ein für den schrägen Zuschnitt konstruierter Rock kann daher nicht einfach im geraden Fadenlauf zugeschnitten werden: vermutlich wäre er

zu eng, da sich das Gewebe in Längs- und Querrichtung nicht so stark ausdehnen kann. Wundern Sie sich also nicht darüber, falls der Fadenlaufpfeil auf den Schnittteilen diagonal verläuft: Sie haben ein Schnittmuster im Schrägschnitt vor sich und sollten die Teile den Pfeilen entsprechend auf den Stoff legen, auch wenn eine andere Anordnung stoffsparender wäre.

Auch die **Musterung des Stoffes** müssen Sie beim Auflegen der Schnittteile beachten. Schauen Sie sich das Muster genau an: Hat es eine Richtung, d. h. gibt es Musterelemente wie Blumen oder Tiere, die beim fertigen Kleidungsstück nicht auf dem Kopf stehen sollten? Hat der Stoff einen Strich oder einen farbigen Schimmer, der je nach Blickrichtung mehr oder weniger intensiv ist? Dann müssen die Teile immer in der gleichen Richtung aufgelegt werden.

Streifen und Karos sind manchmal sehr aufwändig anzupassen: Natürlich wäre es schön, wenn sie an den Nähten genau aufeinander-

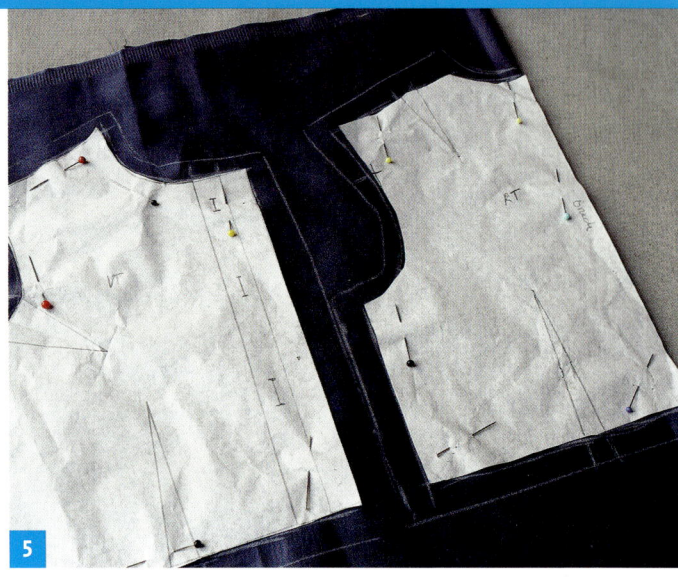

5

treffen und sich das Muster auf den Ärmeln entsprechend fortsetzt. Wenn man aber einmal gekaufte Kleidung näher anschaut, merkt man, dass das auch bei den „Profis" nicht immer der Fall ist.

Ein guter Kompromiss ist, Karos und Streifen vor allem dort genau anzupassen, wo Unregelmäßigkeiten besonders auffallen: in der vorderen und hinteren Mitte. Suchen Sie sich eine markante Querlinie des Stoffmusters aus und überlegen Sie, wo sie auf dem Vorder- und Rückenteil des fertigen Kleidungsstücks verlaufen soll. Zeichnen Sie an dieser Stelle eine Linie auf das Schnittmuster, an der Sie sich beim Auflegen auf den Stoff orientieren können. Besonders einfach ist das, wenn Sie den Schnitt auf transparente Folie kopiert haben.

Sind im Schnittmuster die **Nahtzugaben** bereits enthalten, also die notwendigen Stoffzugaben neben der Nahtlinie? Dann können die Schnittteile dicht an dicht auf den Stoff gelegt werden. Bei deutschen Schnittmus-

tern entspricht die Außenkante der Schnittteile in der Regel der Nahtlinie, auf der die Teile zusammengenäht werden sollen. Sie müssen die Nahtzugaben selbst dazurechnen. Man legt die Schnittteile mit ausreichend Abstand auf den Stoff:
• an Verbindungsnähten: Nahtzugabe von 1,5 cm
• an Ansatzkanten von Kragen [S. 35] und Bündchen [S. 43] und an Kanten, die verstürzt [S. 20] werden: Nahtzugabe von 1 cm
• für Säume [S. 48]: Nahtzugabe von 4 bis 6 cm
Wenn Sie sich in Bezug auf die Größe unsicher sind, dann nehmen Sie besser breitere Nahtzugaben, um ausreichend Spielraum für Passformänderungen zu haben. Lieber später etwas

Stoff wegschneiden als beim Anprobieren feststellen, dass der Rock doch zu kurz ist!

Stecken Sie alle Schnittteile mit Stecknadeln auf dem Stoff fest, zeichnen Sie die Nahtlinien, die Nahtzugaben und andere Markierungen auf [5]. Achten Sie besonders auf Zeichen am Rand der Schnittteile, wie Querstriche, Dreiecke oder Rauten, die anzeigen, wie die Teile zusammengenäht werden sollen. Wenn Sie später mehr Routine haben, können Sie Vieles auch nach Augenmaß zuschneiden und nähen – als Nähanfänger ersparen Sie sich viel Rätselraten, wenn Sie wirklich alle Linien des Schnittmusters auf den Stoff übertragen.

Zum **Anzeichnen** der Nahtlinien, Nahtzugaben und anderer Markierungen gibt es eine große Auswahl an speziellen Stiften, Kreiden und Rädchen, aber leider keinen Universal-Markierungsstift, der auf allen Materialien gleich gut funktioniert.

Ein paar Empfehlungen:
- kleine angespitzte Seifenstücke auf dunklen, waschbaren Stoffen
- radierbare Tintenschreiber (Schreibwarenladen) auf hellen Stoffen; die Linien verschwinden beim Bügeln
- Schneiderkreide auf Wollstoffen und allen anderen Stoffen, die nach dem Nähen nicht gewaschen werden sollen

TIPP: Testen Sie auf einem Reststück Ihres Stoffes, ob die Markierungen sichtbar sind und sich auch wieder spurlos entfernen lassen.

Prüfen Sie, ob Sie wirklich alle Markierungen auf den Stoff übertragen und überall ausreichend die Nahtzugaben [S. 14] berücksichtigt haben. Nun schneiden Sie Ihre Schnittteile mit der Stoffschere entlang der Nahtzugabenlinien aus.

Markierungen, die innerhalb eines Schnittteils liegen (Abnäher [S. 22], Taschenansatzlinien [S. 40] etc.) müssen nun noch auf die andere Seite übertragen werden. Stecken Sie dazu Stecknadeln entlang der Markierungen durch Schnittmuster und Stoff, so dass sie auf der Rückseite sichtbar sind, und ziehen Sie die Linien auf der Rückseite entlang der Stecknadeln nach. Genau so werden diese Markierungen dann auf die Vorderseite

übertragen: Das Schnittteil entfernen (dabei aufpassen, dass sich die zwei Stofflagen nicht verschieben!), auf der Rückseite Stecknadeln durch beide Lagen stecken und die Markierungen auf der Vorderseite einzeichnen [6].

Einlagen [S. 8] schneiden Sie so wie das Schnittteil zu, das verstärkt werden soll. Wenn Sie die Einlagen auf die linke Seite des Stoffes gebügelt haben, können Sie mit dem Nähen beginnen.

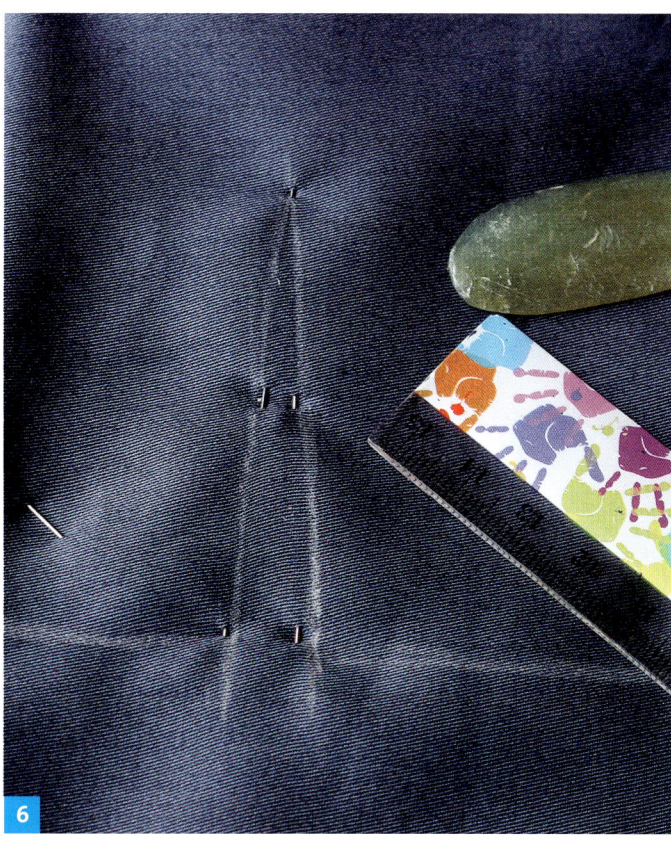

6

7

Nähte

Die Steppnaht

Die häufigste Naht beim Zusammennähen von Schnittteilen ist die einfache **Geradstichnaht** oder **Steppnaht**, mit ihr wird fast alles genäht. Die Stichlänge, die sich an der Nähmaschine regeln lässt, richtet sich nach dem Stoff:

• bei feinem Material (z.B. dünner Baumwollstoff): Stichlänge von 2–3 mm.
• bei Jeans: Stichlänge 3–4 mm
• bei Materialien wie Wachstuch oder Leder, die leicht ausreißen: 5 mm und größer.

TIPP: Am besten probiert man die Einstellungen der Maschine auf einem Materialrest aus.

Die meisten Schnittteile werden „rechts auf rechts" zusammengenäht, das heißt die beiden „schönen" Seiten der Schnittteile liegen aufeinander.

Stecken Sie die Nähte, Nahtlinie auf Nahtlinie, erst mit Stecknadeln zusammen, dann fangen Sie an zu nähen.

Die Stecknadeln möglichst längs zur Nahtlinie stecken und während des Nähens nach und nach entfernen. Das braucht einige Übung, vor allem, weil man gleichzeitig mit der Nähmaschinennadel die Nahtlinie treffen muss. Nähen Sie daher am Anfang langsam, an ganz kniffeligen Stellen und in engen Kurven lieber ohne Motor, nur mit dem Drehen

des Handrads. Auch wenn es schwer fällt: den Stoff beim Nähen nicht ziehen oder schieben, nur führen. Die Maschine transportiert den Stoff von alleine.

An die Ecken bis zum Eckpunkt herannähen, die Nadel im Stoff stecken lassen, das Nähfüßchen anheben und den Stoff in die richtige Richtung drehen, das Nähfüßchen wieder senken und weiternähen.

Die Schnittteile legt man am besten so unter den Nähfuß, dass die größere Stoffmasse links liegt und nicht durch den Durchlass der Maschine geschoben werden muss.

TIPP: Wenn Sie mit 1,5 cm breiter Nahtzugabe [S.14] zugeschnitten haben, kleben Sie sich einen farbigen Klebestreifen rechts von der Nadel in 1,5 cm Abstand auf die Maschine. Dann können Sie sich beim Führen des Stoffes daran orientieren und die Nahtzugabe ganz leicht einhalten [7].

Die Maßangabe **„füßchenbreit"** kommt in Nähanleitungen häufig vor – damit ist der Abstand von der

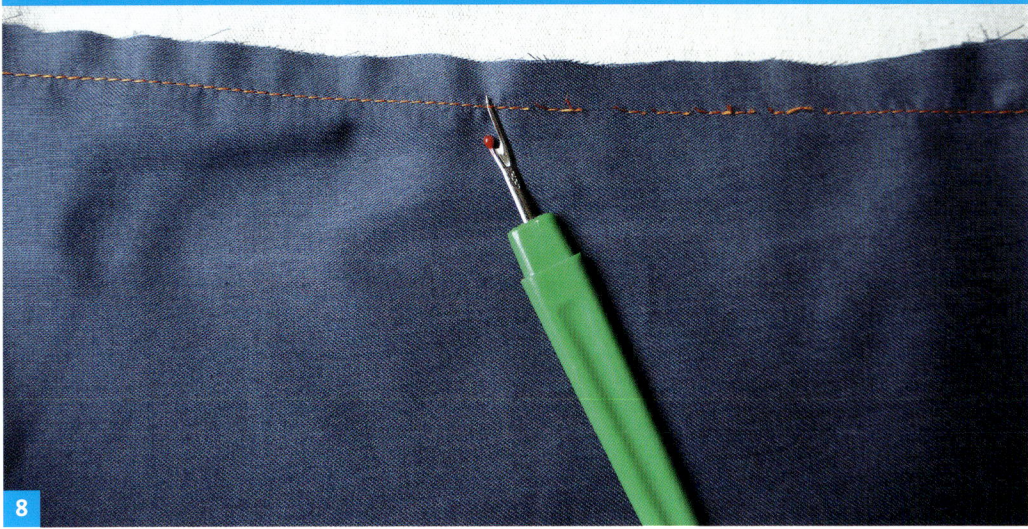

8

Nadel bei normaler, mittlerer Nadelposition bis zur rechten Außenkante des Nähfüßchens gemeint, etwa 7 mm. Beim „füßchenbreiten" Nähen oder Absteppen orientieren Sie sich also an der Füßchenkante und führen den Stoff direkt dort entlang. Mit etwas Übung klappt das immer schneller und besser.

Nähte beginnt und beendet man mit einigen **Rückwärtsstichen**, damit sie sich nicht auflösen. Zum **Vernähen** legen Sie den zusammengesteckten Stoff so unter den Nähfuß, dass die Nadel 2 cm vom Nahtanfang entfernt einsticht. Diese Strecke bis zum Anfang der Naht nähen Sie rückwärts, halten am Nahtanfang an und nähen von hier aus die gesamte

Naht vorwärts. Am Ende der Naht halten Sie wieder an und nähen einige Stiche rückwärts. Den Faden können Sie nun dicht am Stoff abschneiden. Wenn die Naht an einer von außen gut sichtbaren Stelle endet, wo die Rückwärtsstiche stören würden, schneidet man die Fäden am Ende etwas länger ab und zieht sie ebenso wie die Anfangsfäden auf die Rückseite. Ziehen Sie jeweils am Unterfaden, der Oberfaden zeigt sich dadurch auf der Rückseite in einer kleinen Schlaufe. Die können Sie erfassen, den Oberfaden herausziehen, beide Fäden auf der Rückseite verknoten und kurz abschneiden.

Bei einigen Verarbeitungsschritten ist es nützlich, zuerst eine **Hilfsnaht** zu setzen, zum Beispiel um einen Reißverschluss [S. 24] vorläufig zu fixieren. Verwenden Sie dafür die größte Stichlänge, dann lässt sich die Naht besonders schnell wieder auftrennen.

Falls sie einmal etwas trennen müssen: Mit einem **Nahttrenner** [8], der nur ein paar Cents kostet, geht es besonders einfach. Schieben Sie die Spitze des Nahttrenners alle 2–3 cm unter einen Stich und durchtrennen Sie den Faden. Auf der anderen Seite können Sie dann den Faden in einem Stück herausziehen.

9

Die Jerseynaht [9]

Jerseystoffe [S. 70] können nicht mit der einfachen Steppnaht [S. 16] zusammengefügt werden. Die Naht sollte so elastisch sein wie der Stoff, damit sie nicht reißt, wenn sich das Material dehnt.

Profis nähen Jersey mit einer Overlockmaschine, die die Stoffkante in einem Arbeitsgang gerade schneidet, näht und versäubert. Jersey kann aber auch mit der normalen Nähmaschine verarbeitet werden.

Zum Zusammennähen verwendet man eine spezielle Jerseynadel [S. 6] und den Zickzackstich oder einen der Elastikstiche. Moderne Nähmaschinen haben einen Overlockstich, der die Naht einer Overlockmaschine nachahmt.

TIPP: Probieren Sie an einem Stoffrest verschiedene Stiche und Einstellungen aus und testen Sie, ob die Nähte genügend nachgeben, wenn der Jersey gedehnt wird.

TIPP: Bei rutschigem Viskosejersey lässt die Maschine manchmal Stiche aus. Wenn eine neue Nadel keine Besserung bringt, stabilisieren Sie die Nahtlinien vor dem Nähen mit Wäschestärke oder Sprühstärke oder legen Sie beim Nähen einen Streifen Seidenpapier unter, der später abgerissen wird.

Wenn sich die Naht ausdehnt und der Nähfuß eine Stoffwelle vor sich herschiebt, sollte der Nähfußdruck [S. 6] der Maschine vermindert werden. Die Nähte müssen im Allgemeinen nicht versäubert [S. 20] werden, weil Jersey nicht ausfranst. Bügeln Sie die Nahtzugaben [S. 14] gemeinsam zu einer Seite.

Die Jeansnaht

Die Jeansnaht oder Kapp-
naht ist eine besonders
haltbare Naht, die häufig an
Hosen und an der Seiten-
naht von Hemden und
Blusen eingesetzt wird.
Sie hat außerdem den
Vorteil, dass gleichzeitig
die Nahtzugabe versäubert
wird: eine schöne Naht von
beiden Seiten!

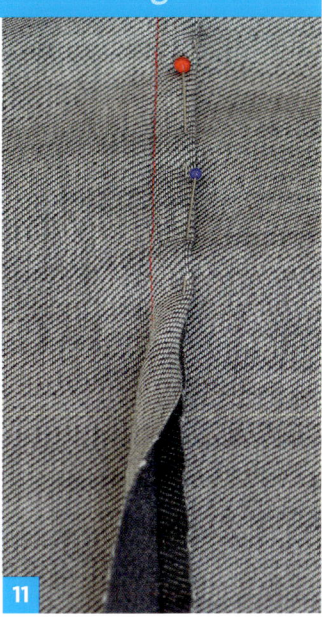

Die Naht wird wie üblich
mit einer Nahtzugabe [S.14]
von 1,5 cm rechts auf rechts
genäht und auseinander-
gebügelt. Bei besonders
dickem Material ist unter
Umständen eine breitere
Nahtzugabe nötig – das
testet man am besten auf
einem Probeläppchen.

Eine der beiden Nahtzuga-
ben wird, je nach Stoffdicke,
auf eine Breite von 5–10 mm
zurückgeschnitten [10].
Die unbeschnittene Naht-
zugabe schlägt man gleichmäßig ein und steckt sie
fest, so dass sie die zurück-
geschnittene Nahtzugabe
bedeckt [11].

Im zweiten Arbeitsgang
wird diese Nahtzugabe von
links knapp an der umge-
schlagenen Kante entlang
festgesteppt [S.16]. Auf der
rechten Seite ergibt sich
eine sichtbare Absteppung
5–10 mm neben der Naht,
die zum Beispiel bei einer
Jeans durch eine zweite de-
korative Steppnaht ergänzt
werden kann [12].

Verstürzen

Von Verstürzen ist die Rede, wenn zwei gleichartige Schnittteile rechts auf rechts (linke Stoffseiten [S. 8] sind außen) zusammengenäht und anschließend gewendet werden, z. B. Kragen [S. 35] oder Manschetten. Außen sind so keine Nähte sichtbar.

Und so wird's gemacht:
• Die Schnittteile rechts auf rechts aufeinanderlegen und feststecken, damit sie sich beim Nähen nicht verschieben.
• Entlang der Nahtlinie steppen [S. 16].
• Nach dem Steppen die Nahtzugaben auf knapp 1 cm zurückschneiden.
• An den Ecken die Nahtzugaben diagonal abschneiden, damit sie sich nach dem Wenden nicht stauen.
• An Rundungen die Nahtzugaben quer zur Naht vorsichtig einschneiden oder kleine Dreiecke herausschneiden.
• Das gewendete Teil gut flachbügeln, die Nähte sollten direkt an der Kante liegen. An den Ecken kann man mit einer Stricknadel vorsichtig von innen nachhelfen.

Versäubern und Bügeln

Wer näht, muss auch **bügeln**. Selbst wenn Sie das entstehende Kleidungsstück später nicht mehr bügeln werden – während der Herstellung sollte jede Naht ausgebügelt werden. Der Stoff legt sich dadurch in die gewünschte Richtung; Stellen, die später nicht mehr erreicht werden können, werden geglättet, die weitere Verarbeitung vereinfacht.

Die Nahtzugaben [S. 14] auseinanderstreichen und zuerst von der linken Seite, dann von der rechten auseinanderbügeln, so dass der Stoff an der Naht ganz glatt liegt [13].

13

Manche Nähte werden zusätzlich abgesteppt, das heißt, Sie nähen von der rechten Seite noch einmal im gleichmäßigen Abstand neben der ausgebügelten ersten Naht entlang. Die abgesteppte Naht ist nicht nur dekorativ, sondern auch besonders stabil, weil die Nahtzugabe noch einmal mit festgenäht wird. Auch viele Kanten, z. B. am Kragen [S. 35] oder an der Knopfleiste [S. 28], werden abgesteppt, weil sie dann besonders flach liegen und ihre Form behalten.

Nach dem Bügeln, aber vor dem Absteppen, müssen Sie die Nähte **versäubern**, denn die offenen Schnittkanten würden in der Wäsche aus-

14

fransen. Dazu verwenden Sie entweder einen breit eingestellten Zickzackstich oder den imitierten Overlockstich [S. 18]. Führen Sie den Stoff so, dass die Nadel links in den Stoff und rechts direkt an der offenen Kante einsticht [14].

Nicht versäubert werden Schnittteile, die beim fertig genähten Stück zwischen zwei Stofflagen liegen und daher wenig ausfransen: verstürzte Kanten [S. 20], Kragen [S. 35], Rock- und Hosenbünde [S. 43] und Schrägbänder [S. 29]

TIPP: Wenn der Zickzackstich die Nahtzugabe bei feinen Stoffen zu stark zusammenzieht, schlägt man die Kante der Nahtzugabe einmal um und steppt sie mit einem einfachen Geradstich [S. 16] fest.

Abnäher

Abnäher, Kräuselungen [S. 23] und Falten machen aus einer zweidimensionalen flachen Stoffbahn ein dreidimensionales, tragbares Kleidungsstück, das sich den Körperformen anpasst.

Der Stoff wird so gefaltet, dass die markierten Nahtlinien des Abnähers genau aufeinandergesteckt werden können. Genäht wird dann immer von der breiten Seite zur Spitze, wobei die Naht am Abnäher-Ende möglichst flach auslaufen sollte [15].

spitzen fest verknotet. Man kann sie abschneiden, oder in eine Nadel einfädeln und sie in dem abgenähten Stoff verschwinden lassen.

Abnäher müssen besonders sorgfältig gebügelt werden. Da sie den Stoff dreidimensional verformen, ist das auf einem flachen Bügelbrett gar nicht so einfach.

15

TIPP: Rollen Sie ein Handtuch eng zusammen und legen Sie die Abnäher zum Bügeln darüber.

Der Abnäherinhalt, also die abgenähte Stofffalte auf der Innenseite, wird bei Brustabnähern, die von der Seitennaht zur vorderen Mitte verlaufen, nach unten in Richtung Saum gebügelt.

Schulter- und Taillenabnäher bügelt man zur Mitte.

Bei einem Abnäher wird eine keilförmige Partie des Stoffes durch eine kurze Naht abgenäht.

Es gibt sie in zwei Varianten:
• Brust- oder Schulterabnäher beginnen an der Schulter- bzw. Seitennaht und laufen in einer Spitze aus.
• Taillenabnäher liegen mitten in einem Schnittteil und haben zwei Spitzen.

Auf dem letzten halben Zentimeter nur noch ein paar Gewebefäden erfassen! Mit etwas Übung gelingt das jedes Mal besser.

Auch bei Abnähern mit zwei Spitzen näht man von der breitesten Stelle zur Spitze – erst in die eine Richtung, dann dreht man das Teil um, setzt in der Mitte neu an und näht die zweite Hälfte des Abnähers. Die Fäden werden an den Abnäher-

Einkräuseln

Beim Einkräuseln – manchmal ist auch von Einreihen die Rede – wird ein längeres Stoffteil zu kleinen Fältchen gerafft und mit einem kürzeren, glatten Teil verbunden [16]. Für einen angekräuselten Kinder- oder Sommerrock nimmt man z. B. eine Stoffbahn mit eineinhalbfacher bis doppelter Taillenweite und kräuselt sie auf Bundweite ein.

Damit sich die Kräuselung gleichmäßig verteilt, verwendet man eine oder zwei Hilfsnähte [S. 17]. Dazu wird die Nähmaschine auf die größte Stichlänge gestellt und die Oberfadenspannung [S. 7] gelockert. Mit dieser Einstellung näht man einmal knapp neben der Nahtlinie des Teils entlang, das eingekräuselt werden soll, ohne den Faden zu vernähen. Indem man nur den Unterfaden festhält, kann der Stoff vorsichtig zusammengeschoben und auf die erforderliche Länge gebracht werden [17].

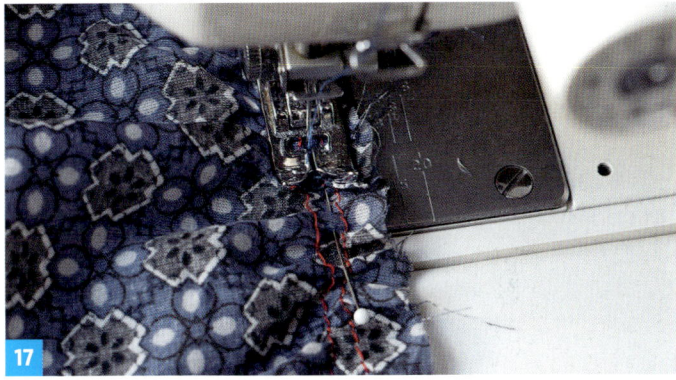

Die Kräuselung möglichst gleichmäßig verteilen und das eingekräuselte Teil auf

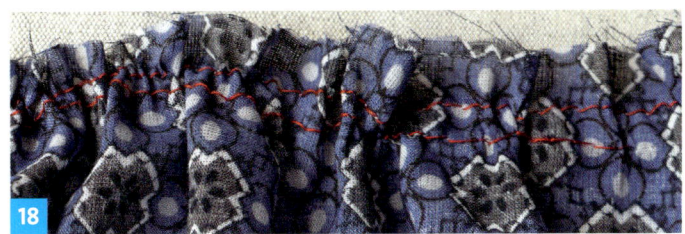

das kürzere, glatte Teil stecken. Mit der gekräuselten Seite nach oben dicht neben der Hilfsnaht festnähen [18]. Denken Sie daran, die Fadenspannung und Stichlänge wieder auf die Normalwerte zurückzustellen! Markieren Sie sich die Normalposition auf dem Spannungsknopf, bevor Sie beginnen.

Nähen Sie langsam. Achten Sie darauf, dass der Nähfuß die Kräusel nicht verschiebt. Die Hilfsnaht wird anschließend entfernt, falls sie von außen sichtbar ist.

TIPP: Bei besonders rutschigen Stoffen empfiehlt sich eine zweite Hilfsnaht auf der anderen Seite der markierten Nahtlinie. Wenn man genau zwischen den beiden Hilfsnähten näht, lassen sich die Kräusel leichter verteilen.

Verschlüsse

Reißverschlüsse gibt es in verschiedenen Längen und Stärken:
• teilbare Reißverschlüsse mit Metall- oder Kunststoffzähnchen für Jacken
• Jeansreißverschlüsse aus Metall
• feinere Reißverschlüsse aus Kunststoff für Röcke, Kleider und Hosen

Zum Einnähen wird das Reißverschlussfüßchen der Nähmaschine verwendet. Es ist besonders schmal und hat auf der Unterseite eine Einkerbung, in der die Reißverschlusszähnchen beim Nähen entlang laufen. Dadurch wird die Naht automatisch im richtigen Abstand zu den Zähnchen platziert.

Der Jackenreißverschluss

Reißverschlüsse bei Jacken und Mänteln werden zwischen dem Vorderteil und einem Beleg [S.32] zwischengefasst. Dieser Beleg ist ein separat angenähter Streifen des Oberstoffs, der an der Innenseite das Reißverschlussband verdeckt.

19

20

Legen Sie beide Vorderteile so aneinander, wie die Jacke später geschlossen werden soll, und markieren Sie das untere und das obere Ende des Reißverschlusses auf beiden Teilen.

Ziehen Sie den Reißverschluss auf und stecken Sie die beiden Bänder, ausgerichtet an den Markierungen, auf den Vorderteilen fest. Der Schieber, also die Oberseite des Reißverschlusses, zeigt nach unten. Die Zähnchen zeigen in Richtung Seitennaht, also von der Öffnung weg. Sie sollten gut 5 mm von der Nahtlinie entfernt sein – bei dicken und flauschigen Materialien ruhig mehr.

Fixieren Sie jetzt den Reißverschluss zunächst mit einer Hilfsnaht [S.17] mit

größter Stichlänge [S.6], und zwar knapp neben der Nahtlinie auf der Nahtzugabe [19].

Jetzt kontrollieren Sie noch einmal, ob die Platzierung stimmt und die Vorderteile nicht gegeneinander verschoben sind.

Die Belege [S.32] werden nun rechts auf rechts mit Stecknadeln auf die Vorderteile gesteckt, der Reißverschluss befindet sich zwischen den beiden Lagen. Stecken Sie am besten von der Vorderteilseite aus und legen Sie diese Seite auch beim anschließenden Festnähen nach oben: Dann können Sie sich an der Hilfsnaht orientieren – die endgültige Naht muss ganz knapp neben dieser ersten Naht verlaufen [20].

Klappen Sie den Beleg nach hinten [21] und bügeln Sie die Kante gut flach. Sie kann zusätzlich abgesteppt [S.16] werden [22].

Verdeckter Reißverschluss

Verdeckte Reißverschlüsse werden meistens in die linke Seitennaht von Röcken oder in die Rückennaht von Kleidern eingesetzt. Diesen Bereich der Naht verstärkt man mit einem aufgebügelten Streifen aus leichter Einlage [S. 8], das erleichtert das Einnähen und verhindert Wellen.

Und so gehen Sie vor: Den Beginn des Reißverschlusses bei beiden Schnittteilen und auf beiden Stoffseiten markieren. Die Schnittteile rechts auf rechts aufeinander legen und die Naht komplett stecken, auch oberhalb der Markierung. Die Naht von unten bis zur Markierung steppen und dort mit einigen Rückwärtsstichen [S.17] sichern, das Teil aber noch nicht aus der Maschine nehmen. Die Stiche auf die größtmögliche Länge einstellen, vorwärts weiternähen und die restliche Naht mit großen Stichen schließen [23].

24

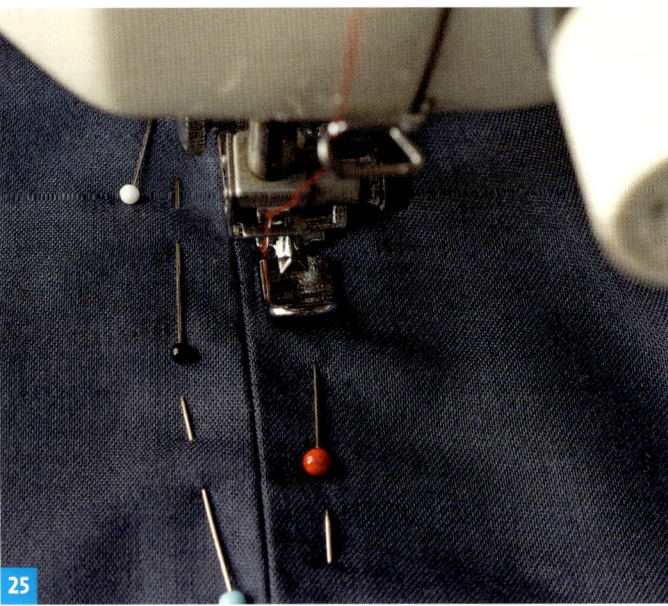

25

Dieser Teil der Naht wird später wieder aufgetrennt. Jetzt aus der Maschine nehmen, die Nahtzugaben [S.14] auseinanderbügeln und versäubern [S.20].

Den geschlossenen Reißverschluss umdrehen – der Schieber zeigt zum Stoff – und mittig auf der Rückseite der Naht platzieren. Den Reißverschluss von der Stoffoberseite aus mit Stecknadeln auf beiden Seiten der Naht feststecken [24].

Der Reißverschluss wird mit zwei Nähten von rechts festgenäht. Dazu den Reißverschlussfuß [S.24] einsetzen und am unteren Ende an der Markierung beginnen. Von der Markierung aus in Richtung der noch offenen Kante nähen. Achten Sie darauf, dass die Reißverschlusszähnchen in der Aussparung auf der Unterseite des Reißverschlussfußes laufen, dann hat die Naht automatisch den richtigen Abstand [25].

Die zweite Naht am Ausgangspunkt der ersten Naht beginnen und zuerst vorsichtig, am besten nur mit dem Handrad, drei Stiche quer über das Reißverschlus-

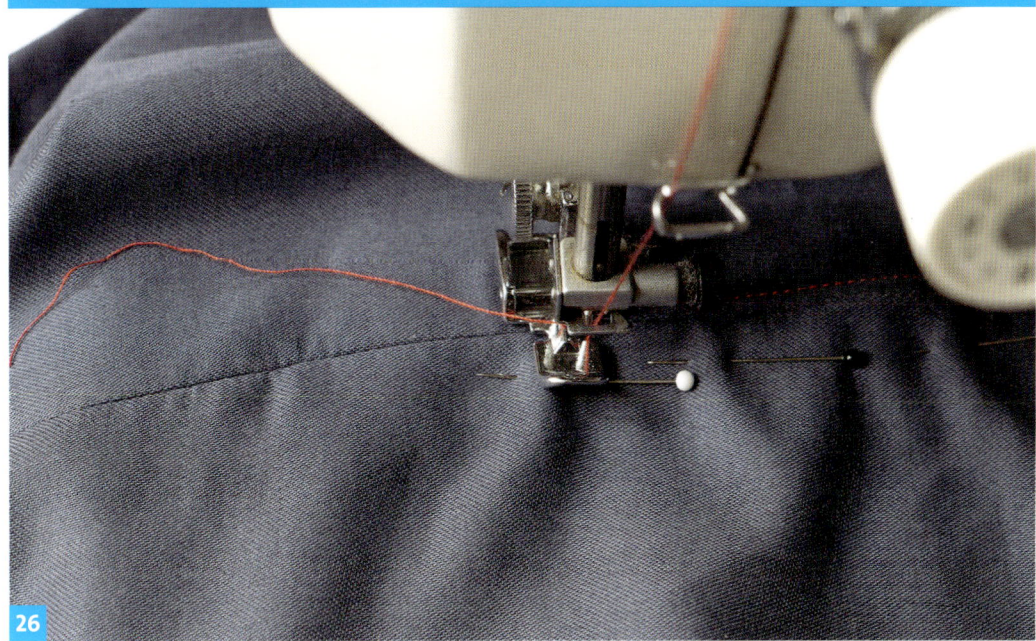

26

sende nähen [26]. Die Nadel im Stoff stecken lassen, das Nähfüßchen anheben und den Stoff so drehen, dass die zweite Reißverschlussseite eingenäht werden kann. Am oberen Ende des Reißverschlusses, wo der Schieber sitzt, jeweils etwas weiter nach außen nähen – wie nahe man am Schieber vorbeinähen kann, ist je nach Maschinenfabrikat unterschiedlich. Dadurch verläuft die Naht in Höhe des Schiebers nicht ganz gerade – falls Sie das stört, trennen Sie nach dem Stecken, aber vor dem Einnähen, die oberen 5 cm der Hilfsnaht [S. 17] auf. Dann können Sie auf beiden Seiten bis dicht an den Schieber herannä-

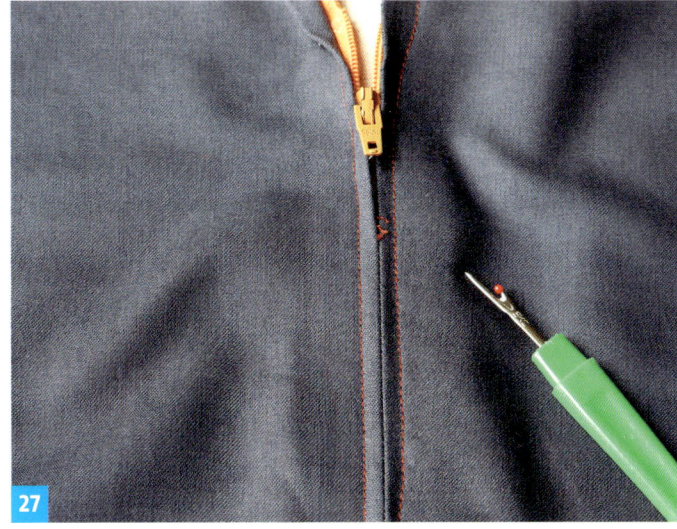

27

hen, lassen dort die Nadel im Stoff stecken, heben das Nähfüßchen an und öffnen den Reißverschluss ein Stück. Den Schieber an Nähfüßchen und Nadel vorbei schieben. Jetzt kann die Naht gerade bis zum Ende

des Reißverschlussbandes weitergenäht werden.

Die Hilfsnaht vorsichtig auftrennen und den Reißverschluss noch einmal bügeln [27].

Knopfleiste und Knopflöcher

Eine Knopfleiste ist im Prinzip nichts anderes als ein Saum [S.48], wobei der Stoff zweimal in Knopfleistenbreite eingeschlagen und nach Geschmack abgesteppt [S.16] wird. Dünner Stoff sollte außerdem mit einem Streifen Bügeleinlage [S.8] verstärkt werden. Planen, Markieren [S.15] und Bügeln sind die Hauptarbeiten, das Nähen geht vergleichsweise schnell.

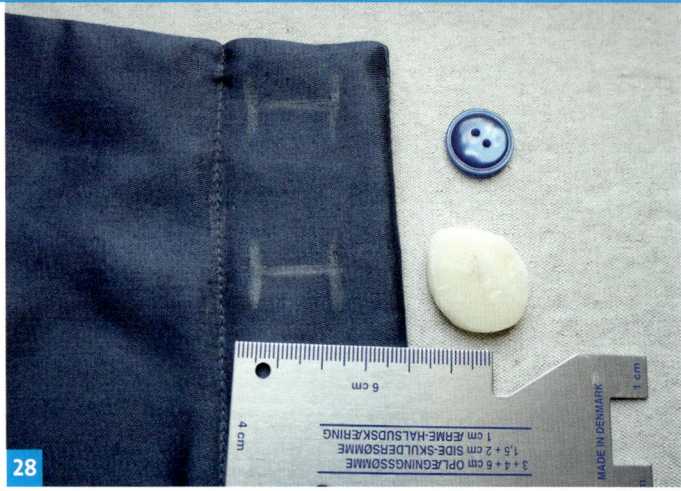

Die Breite der Knopfleiste, der Abstand und die Positionierung der Knopflöcher richten sich nach der Größe der Knöpfe. Die Knopflöcher müssen mindestens 2 mm breiter sein als der Knopf – bei dickerem Material noch mehr. Nähen Sie unbedingt ein Probeknopfloch auf einem kleinen Rest Stoff, um zu testen, ob Ihre Knöpfe durch das Knopfloch passen.

Markieren Sie jedes einzelne Knopfloch sorgfältig mit Lineal und Schneiderkreide oder Seife, besonders den Anfang und das Ende [28]. Mit dem Knopflochfuß und der Knopfloch-Einstellung

Ihrer Maschine nähen Sie an den Markierungen entlang [29]. Die Knopflöcher werden mit einer kleinen, spitzen Schere aufgeschnitten – aber erst wenn Sie sicher sind, dass sie Ihnen gelungen sind.

Knopflöcher sollten eine knappe Knopfbreite von der Kante entfernt beginnen, so dass der angenähte Knopf später nicht über die Kante

ragt. Bei einer Knopfleiste vorn (auf Jacke, Hemd o.ä.) sollte ein Knopf sich genau in Brusthöhe befinden, die anderen in gleichmäßigen Abständen von 10–15 cm. Das sind aber nur Faustregeln: Probieren Sie mit den vorgesehenen Knöpfen auf Ihrem fast fertigen Kleidungsstück verschiedene Anordnungen aus und wählen Sie die, die Ihnen am besten gefällt.

30

Stoffen breiter, bei dünnen Stoffen schmaler.

Stecken Sie das Schrägband rechts auf rechts, Kante auf Kante, entlang der Nahtlinie fest, dehnen Sie das Band dabei nicht [30]. Beginnen Sie bei einem Armausschnitt an der Seitennaht, bei einem Halsausschnitt an der Schulter- oder Rückennaht.

Blenden, Belege und Kragen

Hals- und Armausschnitte brauchen einen schönen Abschluss, der unauffällig, fast unsichtbar, oder dekorativ gestaltet werden kann. Das Verarbeitungsprinzip ist bei beiden Versionen ähnlich: Die offenen Kanten werden verstürzt [S. 20], entweder
• mit einem Schrägband aus genau passendem oder kontrastierendem Stoff oder
• mit einem Beleg [S. 32], einem in der Form genau zum Ausschnitt passenden Schnittteil.

Schrägbänder gibt es in vielen Farben und manchmal sogar gemustert. Es sind Stoffstreifen, die schräg, d. h. im Winkel von 45° zum

Fadenlauf [S. 12], zugeschnitten sind. Schrägband ist dadurch leicht dehnbar und kann sich Rundungen anpassen – perfekt, um Arm- oder Halsausschnitte einzufassen. Aber auch an Säumen [S. 48] leistet ein Schrägband gute Dienste: wenn z. B. nicht mehr genug Stoff vorhanden ist, um einen Saum umzuschlagen, oder wenn ein bunter Abschluss in einer anderen Farbe gewünscht wird.

Ausschnitt mit unsichtbarer Schrägbandeinfassung

Die Schnittteile für Vorder- und Rückenteil werden mit 1 cm Nahtzugabe [S. 14] am Ausschnitt zugeschnitten. Das Schrägband sollte 2,5 bis 3 cm breit sein – bei dicken

Lassen Sie jeweils am Anfang und am Ende 2 cm Schrägband lose hängen. Diese beiden Schrägbandenden müssen nun rechts auf rechts aufeinandergelegt und zusammengenäht werden [31].

31

Streichen Sie die Nahtzugaben auseinander und kontrollieren Sie, ob der Schrägbandring die gleiche Weite hat wie der Ausschnitt, der eingefasst werden soll.
Da das Band dehnbar ist, lassen sich kleine Differenzen ausgleichen. Jetzt kürzen Sie die Schrägbandenden auf 5 mm Nahtzugabe und stecken das Schrägband auch an der Nahtstelle fest [32].

Das Annähen beginnen Sie ebenfalls an der Nahtstelle: genau einmal rundherum auf der Nahtlinie. Die Nahtzugabe mit einer kleinen Schere vorsichtig einschneiden, ohne die Naht zu verletzen. Bei engen Rundungen kleine Dreiecke aus der Nahtzugabe herausschneiden [33].

Das Schrägband erst nach oben und dann auf die linke Seite des Kleidungsstücks bügeln. Falls es spannt, die Nahtzugabe noch etwas häufiger einschneiden. Die offene Kante des Schrägbands nach innen einschlagen, bügeln, feststecken [34] und von links knapp an der eingeschlagenen Kante des Bandes feststeppen [S.16] [35]. Verwendet man ein zum Oberstoff passendes Garn, ist die Naht auf der Außenseite ganz unauffällig.

Dekorative Schrägbandeinfassung

Soll das Schrägband sichtbar angenäht werden, verwendet man am besten ein breiteres, 3–4 cm breites Schrägband, das schon gefaltet und vorgebügelt ist. Bei diesem Band sind die Kanten jeweils zur Mitte gefalzt, wobei ein Falz geringfügig schmaler ist als der andere. Ungefalztes Schrägband lässt sich ebenso verwenden, nur müssen Sie dann stärker darauf achten, immer in einem gleichmäßigen Abstand zur Kante zu nähen.

- das Schrägband im Bügelknick bzw. in füßchenbreitem Abstand zur Kante festnähen [36]
- das Schrägband an der Ansatzkante nach oben bügeln, um die offene Kante schlagen
- die gefalzte Kante von der rechten Seite aus feststecken, so dass die erste Naht verdeckt ist [37]
- bei ungefalztem Band die offene Kante gleichmäßig einschlagen, feststecken und bügeln
- die gesteckte Kante von rechts festnähen [38]

TIPP: Falls es Ihnen schwerfällt, exakt an der Kante entlangzusteppen, probieren Sie einen Zickzackstich aus. Die gefaltete Kante wird so sicher von der Naht erfasst, und meistens sieht es sogar ordentlicher aus als ein ungenauer Geradstich.

Die Schnittteile, die auf diese Weise eingefasst werden sollen, schneidet man ohne Nahtzugabe zu. Das Schrägband wird einmal um die Kante herumgelegt, so dass sich durch die Einfassung an der Länge nichts ändert.

Und so geht es weiter:
- das Schrägband im Bügelknick des schmaleren Falzes mit der rechten Seite auf die linke Seite des einzufassenden Stoffes stecken, die offenen Kanten stimmen überein

39

Belege

Belege sind separate Schnittteile, mit denen offene Kanten zum Beispiel am Arm- oder Halsausschnitt verstürzt [S. 20] werden. Die Kanten bekommen damit einen sauberen Abschluss und werden zugleich verstärkt [39]. Bei Hals- und Armausschnitten besteht der Beleg in der Regel aus zwei Teilen, einem vorderen und einem rückwärtigen. Die Innenkanten der Belege haben genau die gleiche Form wie die Kante, die verstürzt werden soll.

40

Das sind die einzelnen Schritte:
- die Belege an den Schulter- und Seitennähten zusammennähen und die Nähte ausbügeln [40]
- die Belege rechts auf rechts an Arm- oder Halsausschnitt stecken – Schulternaht an Schulternaht, die Kanten liegen genau aufeinander
- im gleichmäßigen Abstand von der offenen Kante festnähen
- die Nahtzugaben [S. 14] in den Rundungen bis knapp an die Naht einschneiden [41]

41

42

schnittes bemessen. Wie viel kürzer, hängt von der Elastizität des Materials ab. Messen Sie am Schnittmuster den Umfang des Halsausschnitts aus und schneiden Sie den Einfassungsstreifen 15–20 Prozent kürzer zu, und zwar quer zum Maschenverlauf, in Richtung der größeren Dehnbarkeit des Materials. Bei einem Ausschnitt von 55 cm Umfang brauchen Sie also einen Streifen von 44–47 cm Länge und etwa 4 cm Breite.

- den Beleg nach innen bügeln
- die noch offene Belegaußenkante mit Zickzackstich versäubern [42]

Der Beleg kann an den Schulter- und Seitennähten mit ein paar von außen nicht sichtbaren Handstichen fixiert werden, oder man steppt [S. 16] ihn rundherum dicht an der Kante oder in einigem Abstand davon fest.

Halsausschnittverarbeitung aus Jersey

Halsausschnitte bei Kleidungsstücken aus Jersey müssen fast ebenso dehnbar sein wie der Stoff – schließlich haben diese Kleidungsstücke meistens keinen Verschluss, sondern werden einfach über den Kopf gezogen. Aber auch die Ärmelbündchen müssen elastisch sein und werden nach dem gleichen Prinzip genäht.

Das doppelt gelegte Halsbündchen aus dem gleichen Material wird etwas kürzer als der Umfang des Halsaus-

Beim Annähen wird der Bündchenstreifen auf die Länge des Halsausschnittes gedehnt und liegt dadurch später im optimalen Fall am Hals an. Tatsächlich ist es auch Erfahrungssache, wie stark der Streifen gedehnt werden muss, denn jeder Jersey verhält sich dabei anders.

Und so geht's:
- die kürzeren Seiten des Bündchenstreifens rechts auf rechts legen
- den Streifen zum Ring zusammennähen
- die Nahtzugaben auseinanderbügeln, das Bündchen der Länge nach falten und bügeln

43

44

45

- das gefaltete Bündchen an den Halsausschnitt stecken, so dass die offenen Kanten aufeinanderliegen und die markierten Viertel aufeinandertreffen [44]
- die Naht im Bündchen an der linken Schulternaht platzieren
- Nadeln in größerem Abstand und senkrecht zum Nahtverlauf stecken, die Bündchenweite dabei zwischen den Nadeln gleichmäßig verteilen

Jetzt können Sie mit einem großen Zickzackstich oder dem simulierten Overlockstich [S. 18] das Bündchen annähen: Beginnen Sie an der linken Schulternaht, legen Sie das festgesteckte Bündchen unter das Nähfüßchen, senken Sie Fuß und Nadel und entfernen Sie die erste Stecknadel.

Dehnen Sie das Bündchen auf den folgenden Zentimetern vorsichtig, so dass es genauso lang wie der Halsausschnitt ist, an den es angenäht werden soll [45].

Nähen Sie immer bis kurz vor die nächste Stecknadel und halten Sie den Stoff dabei gespannt. Wenn Sie die

- das Bündchen in vier gleiche Teile teilen und die Viertel jeweils mit einer Stecknadel markieren [43]

- von einer Schulternaht ausgehend den Halsausschnitt ebenso in Viertel einteilen (falten) und markieren

46

Stecknadel entfernt haben, dehnen Sie das Bündchen auf dem nächsten Stück und nähen so langsam weiter. Zum Schluss brauchen Sie nur noch den neben der Naht überstehenden Stoff wegzuschneiden und die Nahtzugabe nach unten zu bügeln [46].

47

Kragen annähen

Angesetzte Kragen bestehen zumindest aus zwei Teilen: dem **Oberkragen**, der die Oberseite des Kragens bildet, und dem **Unterkragen**. Der Unterkragen wird häufig zusätzlich mit aufbügelbarer Einlage [S. 8] verstärkt. Da am Kragenansatz zwei unterschiedlich gebogene Kanten aufeinandertreffen,

ist das Einnähen oft nicht so ganz einfach.

Dennoch: Nur Mut! Wenn Fältchen entstehen, können Sie die Naht einfach an den misslungenen Stellen auftrennen und dort noch einmal nähen, denn die Nähte sind später nicht mehr sichtbar.

• Ober- und Unterkragen entlang der Kragenaußenkante verstürzen [S. 20], also rechts auf rechts legen, entlang der Nahtlinie zusammennähen, Nahtzugaben zurückschneiden, wenden, bügeln und absteppen [S. 16]
• an gebogenen Kanten die Nahtzugaben bis dicht vor die Naht einschneiden, an den Kragenecken die Nahtzugabe diagonal wegschneiden [47]

48

49

Beim Verstürzen die Nahtzugaben an der Kragenansatzkante nicht mitnähen, der Kragen lässt sich dann leichter mit dem Hemd- oder Blusenkorpus verbinden.

- am verstürzten Kragen den Stoff des Oberkragens wegfalten und mit Stecknadeln fixieren, damit er nicht versehentlich festgenäht wird [48]
- den Unterkragen rechts auf rechts an Hemd oder Bluse stecken, so dass die Nahtlinien aufeinanderliegen und die Markierungen zum Einnähen übereinstimmen [48]

Meistens gibt es eine Markierung an den Vorderteilen, wo Anfang und Ende des Kragens platziert werden müssen, und eine Markierung am Kragen, wo die Schulternähte auf den Kragen treffen.

Steppen Sie jetzt den Unterkragen fest [S. 16] und kontrollieren Sie den Sitz.

Haben Sie aus Versehen Fältchen eingenäht – kein Problem: Einfach ein Stück auftrennen, den Stoff glattziehen und noch einmal über die Stelle nähen.

- Nahtzugaben mit einer kleinen Schere bis knapp an die Naht einschneiden und nach oben in Richtung Kragen bügeln
- Nahtzugaben des Oberkragens einschlagen und so auf den Unterkragen stecken, dass die eben gesteppte Naht verdeckt ist
- dicht an der Kante von der Seite des Oberkragens aus feststeppen und nach Geschmack ebenfalls die Kragenkanten absteppen

Eine Alternative ist, den eingeschlagenen Oberkragen mit der Hand festzunähen. Dazu die Nadel im Bruch des eingeschlagenen Oberkragens entlangführen, ausstechen, ein paar Fäden an der Kragenansatznaht erfassen und gleich wieder in den eingeschlagenen Oberkragen einstechen, so dass die Stiche kaum zu sehen sind [49].

Ärmel

Ärmel haben im oberen Bereich eine mehr oder weniger ausgeprägte Rundung, die Armkugel. Sie wird in den Armausschnitt, eine gerundete Öffnung eingesetzt, die von Vorder- und Rückenteil gebildet wird. Da an der Ärmeleinsatznaht Schnittteile mit ganz unterschiedlich verlaufenden Kurven zusammentreffen, ist das Einsetzen nicht ganz einfach und vor allem Übungssache.

Ärmelschnittmuster haben in der Regel mindestens zwei Markierungen, die anzeigen, wie der Ärmel eingesetzt werden muss:
• eine Markierung, die auf die Schulternaht trifft
• eine Markierung, die auf eine gleichartige Markierung am Vorderteil treffen soll [50]

Die Rundung der Armkugel verläuft im Allgemeinen vorne und hinten unterschiedlich. Daher muss ein rechter und ein linker Ärmel zugeschnitten werden. Beim Zuschneiden in doppelter Stofflage erhalten Sie automatisch zwei spiegelverkehrte Teile und somit einen rechten und einen linken Ärmel. Beim Zuschneiden in einfacher Stofflage muss das Schnittteil einmal mit der Vorderseite und einmal mit der Rückseite nach oben auf den Stoff gelegt werden.

Die Armkugel, also die Rundung im oberen Teil des Ärmels, ist je nach Schnitt mehr oder weniger ausgeprägt: Hemden, Kinderkleidung und T-Shirts haben eine **flachere Armkugel**, so dass der Ärmel flach einge-

näht werden kann, solange Seiten- und Ärmelnaht noch offen sind. Sie werden anschließend in einem Rutsch geschlossen:
• den Ärmel rechts auf rechts am Armausschnitt feststecken und steppen [S. 16]: die Markierung in der Mitte der Armkugel trifft auf die Schulternaht, die Vorderteilmarkierung des Ärmels trifft auf die entsprechende Markierung im Vorderteil, die Nahtlinien liegen aufeinander [51].

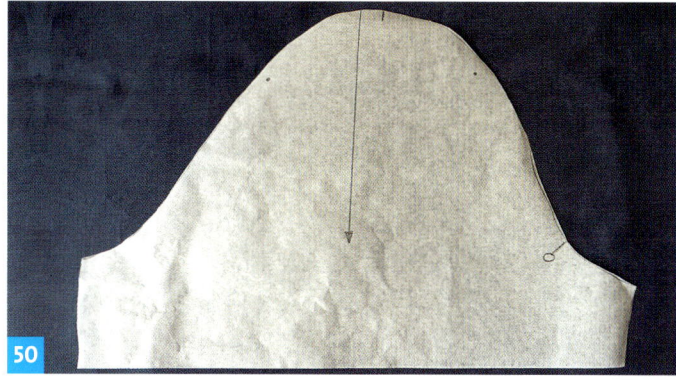

50

51

52

53

Außerdem hat dieser Ärmeltyp eine Mehrweite, die so genannte Rollweite, in der Armkugel, die dafür sorgt, dass der Ärmel gut fällt und sich der Arm darin gut bewegen kann. Das bedeutet, dass die Nahtlinie der Armkugel länger ist, als die Nahtlinie des Armausschnitts. Diese Längendifferenz muss beim Einnähen ausgeglichen werden, indem man den Ärmel einhält. Das heißt, der Stoff des Ärmels wird so gestaucht, dass er genau in den Armausschnitt passt.

Im Schnittmuster wird durch Markierungen vor und hinter der Schulter angezeigt, in welchem Bereich der Armkugel der Stoff gestaucht werden soll. Zwischen den Markierungen werden, wie beim Einkräuseln [S. 23] beschrieben, rechts und links der Nahtlinie ein oder zwei Hilfsnähte [S. 17] mit großer Stichlänge und gelockerter Fadenspannung [S. 7] gesetzt. Durch Ziehen an den Fäden können Sie den Bereich leicht zusammenschieben [53].

- Nahtzugaben gemeinsam in den Ärmel bügeln und gemeinsam versäubern, nach Wunsch von der rechten Seite absteppen
- danach die Seitennähte schließen [52]

Bei figurbetonterer Kleidung haben Ärmel eine **höhere Armkugel**, in diesem Fall wird der Ärmel eingesetzt, wenn Ärmelnaht, Seiten- und Schulternähte bereits geschlossen sind.

Drehen Sie den Armaus-
schnitt auf links und den
Ärmel auf rechts und ziehen
Sie den Ärmel rechts auf
rechts in das Armloch.
Bringen Sie die Markie-
rungen zum Einnähen zur
Deckung: die Schulter-
markierung trifft auf die
Schulternaht, die Vorderteilmarkierung trifft auf das
entsprechende Zeichen im
Vorderteil.
Beginnen Sie an der Sei-
tennaht, den Ärmel von der
Außenseite (Armausschnittseite) her festzustecken.
Stecken Sie die Nadeln quer
zur Naht, so dass Sie sie
beim Nähen leicht heraus-
ziehen können [54].
Stecken Sie im Schulterbe-
reich die Nahtlinien beson-

55

ders sorgfältig aufeinander,
ziehen Sie dabei die Ein-
haltefäden an und verteilen
Sie die Mehrweite des Är-
mels gleichmäßig. Der Stoff
soll zusammengeschoben
werden, ohne dass Fältchen
entstehen.

Beginnen Sie an der Seitennaht mit dem Einnähen, die
Armausschnittseite liegt
dabei oben [55]. Nähen Sie
ganz langsam, Stück für
Stück, und ziehen Sie dabei
die Stecknadeln heraus.

Wenn Sie wirklich langsam
nähen, häufig anhalten
und den Stoff in die richtige
Position schieben, sollte Ihnen das Einnähen gelingen.
Falls dabei doch Fältchen
entstanden sind, trennen Sie
die Naht nur im Bereich der
Falte auf, stecken Sie den Ärmel wieder fest und nähen
Sie nur den aufgetrennten
Bereich noch einmal.

Die Nahtzugabe wird wenn
nötig zurückgeschnitten,
versäubert [S. 20] und in
Richtung Ärmel gebügelt.

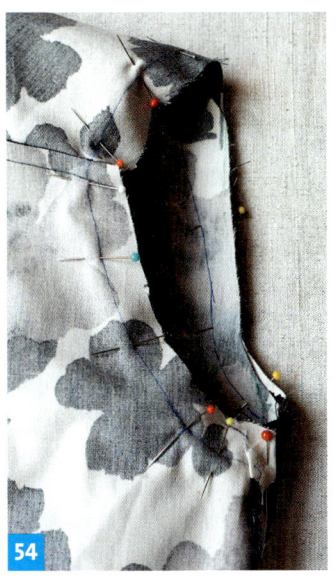

54

Taschen

Aufgesetzte Taschen können ein Gestaltungselement sein: Ob eckig oder abgerundet, glatt oder mit eingelegten Falten, schräg platziert oder gerade – die Taschenform, ihre Größe und Position kann man leicht selbst verändern und damit einem Kleidungsstück einen individuellen Anstrich geben.

58

Schneiden Sie die Taschenformen zunächst aus Papier aus und stecken Sie sie auf das Kleidungsstück, so lässt sich leichter beurteilen, ob die Proportionen stimmig sind.

Taschen in der Seitennaht sind demgegenüber unauffällig. Auch sie kann man leicht selbst in ein Schnittmuster einfügen, sofern das Kleidungsstück so weit geschnitten ist, dass der Taschenbeutel auch ausreichend Platz hat.

Aufgesetzte Taschen

Verarbeitet werden aufgesetzte Taschen immer nach dem gleichen Prinzip: Die obere Kante wird gesäumt [S. 48] oder verstürzt [S. 20] [56, 57], die offenen Kanten um eine Pappschablone in Taschengröße in Form gebügelt [58] und die Tasche mit einer oder zwei Steppnähten [S. 16] aufgenäht.

Damit die oberen Ecken nicht ausreißen, können sie mit einem genähten Riegel, also einer verstärkten Naht gesichert werden: unauffällig ist ein genähtes Dreieck [59], an Jeanstaschen wird diese Stelle oft mit eng gestelltem Zickzackstich oder einer Niete verstärkt.

56

57

59

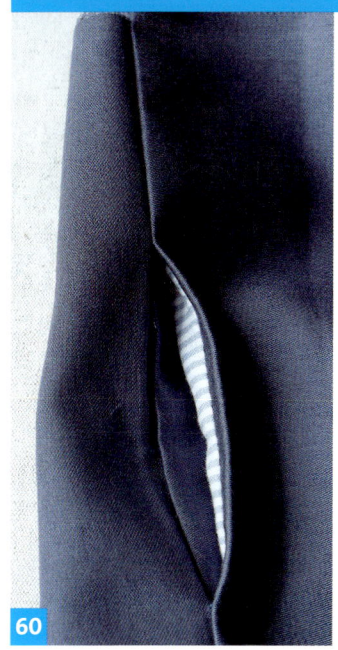

60

61

Taschen
in der Seitennaht

Seitennahttaschen bestehen aus zwei Teilen:

- einem meistens etwas größeren hinteren Taschenbeutel und
- einem etwas kleineren vorderen Taschenbeutel

Der hintere Taschenbeutel ist zum Teil sichtbar, daher verwendet man dafür den Oberstoff. Den vorderen Taschenbeutel können Sie aus Futterstoff oder aus Stoffresten aus dünner Baumwolle zuschneiden, dann trägt die Tasche nicht so stark auf [60].

- bei Kleidungsstücken aus leichten Stoffen entlang des Tascheneingriffs einen Streifen aus dünner Einlage [S. 8] aufbügeln, der 3 cm länger als der Tascheneingriff und etwa 4 cm breit ist
- die Seitennaht bis auf den Tascheneingriff schließen, die Nähte dabei oberhalb und unterhalb der Tasche durch Rückwärtsstiche gut sichern [61]
- das hintere Taschenbeutelteil rechts auf rechts an die Nahtzugabe [S. 14] des Rückenteils stecken [62]
- die Markierungen für den Tascheneingriff auf dem Taschenbeutel müssen auf die entsprechenden Markierungen am Seitenteil treffen

62

- den hinteren Taschenbeutel über die ganze Länge auf der Nahtzugabe annähen; am Tascheneingriff verläuft die Naht einige Millimeter neben der Nahtlinie auf der Nahtzugabe

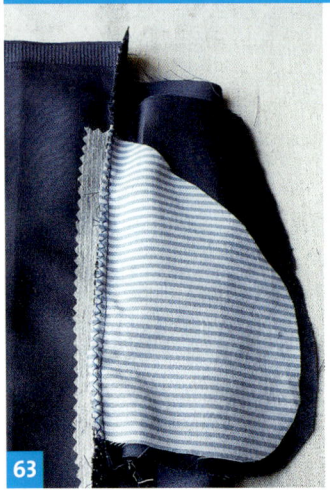

- das vordere Taschenbeutelteil in gleicher Position rechts auf rechts auf die Nahtzugabe des Vorderteils stecken und nähen [63]
- die Nahtzugaben der Seitennaht und der Taschenbeutel gemeinsam versäubern [S. 20]
- die Seitennaht und die Taschenbeutel zunächst auseinanderbügeln [64], dann den hinteren Taschenbeutel ins Vorderteil bügeln
- die beiden Taschenbeutelteile zusammenstecken [65] und von oben beginnend mit 1,5 cm Nahtzugabe zusammensteppen [S. 16]
- die offenen Kanten wenn nötig etwas zurückschneiden und versäubern [66] [S. 20]

67

68

• die Nahtzugabe ober- und unterhalb des Taschen- eingriffs vorsichtig schräg einschneiden, damit sich der Beutel glatt nach vorne legen lässt [67]

Bundverarbeitung

Ein **Gummizugbund** [68] ist im Prinzip nichts anderes als ein breiter, abgesteppter Saum [S. 48], der als Tunnel für ein Gummiband dient, z. B. in Hosen- oder Rocktaille oder am Ärmelabschluss.

Er wird in unterschiedlicher Breite, aber immer gleich gearbeitet.

TIPP: Als Rockbund ist der Gummizugbund vor allem für mäßig weite Röcke aus dünnerem Material geeig- net. Dicker Stoff wie etwa Cord [S. 71] lässt sich nicht ausreichend raffen und wird zu schwer, um vom Gummi- band gehalten zu werden. Auch große Stoffmengen sind aus dem gleichen Grund problematisch.

Gummibänder gibt es in un- terschiedlichen Qualitäten mit ganz unterschiedlicher Dehnbarkeit. Im **Rock- oder Hosenbund** sollte man ein mindestens 1,5 cm breites Gummiband verwenden.

Den Tunnel, in den es ein- gezogen werden soll, plant man immer 5 mm breiter als das Gummiband (bei einem 1,5 cm breiten Gummiband also 2 cm), dazu kommt eine

Nahtzugabe von 1 cm an beiden Seiten.

Für einen Gummizugbund mit einem 1,5 cm breiten Gummi muss man also einen Stoffstreifen von 6 cm Breite zuschneiden (zwei- mal die Gummibreite mit Zugabe, zweimal Nahtzu- gabe). Die Länge entspricht der Oberkante von Hose oder Rock, an die der Bund angesetzt werden soll, min- destens aber der Hüftweite plus Nahtzugaben, denn der Bund muss im ausgedehn- ten Zustand über die Hüften passen.

Und so wird's gemacht:
• den Bundstreifen zum Ring schließen, dabei die un- teren 2 cm der Naht offen lassen – durch diese Lücke wird später das Gummi- band eingezogen

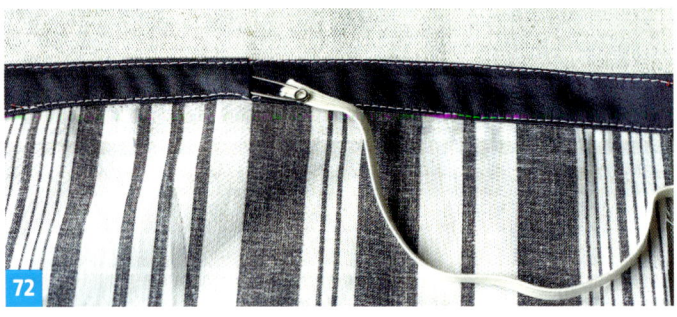

- den Bundstreifen rundherum annähen, nach oben bügeln und die offene Längskante des Bundes 1 cm nach links umbügeln; die Nahtzugaben falls nötig zurückschneiden
- den Bund nach außen umschlagen und die umgebügelte Kante feststecken, so dass die erste Naht verdeckt wird [70]
- von der rechten Seite aus knapp entlang der Kante feststeppen [S. 16]
- Bund noch einmal bügeln und auch die obere Kante des Tunnels absteppen, er liegt dadurch flacher [71].
- ein Gummiband zuschneiden, das etwas kürzer als der Taillenumfang ist – die richtige, bequeme Länge probiert man am besten aus
- an einem Ende eine Sicherheitsnadel in das Gummi stechen und es mit Hilfe der Sicherheitsnadel durch die Lücke in den Tunnel ziehen. Die Sicherheitsnadel lässt sich im Tunnel ertasten und leicht weiterschieben [72]
- die beiden Gummibandenden einige Zentimeter übereinander legen und mit der Hand zusammennähen

- die Nahtzugaben auseinanderbügeln und den Bund rechts auf links, also auf die Innenseite von Hose oder Rock, stecken [69]

- die offenen Kanten liegen parallel, die Lücke in der Bundnaht zeigt nach oben

Ein Gummizugbund mit zwei Gummibändern wird genauso genäht: Für jedes Gummiband plant man zweimal die Gummibandbreite und 5 mm Zugabe ein. Zwischen den beiden Gummis wird eine weitere, parallel verlaufende Steppnaht [S. 16] gesetzt, so dass zwei Tunnel entstehen. In der Quernaht eine größere Lücke zum Einziehen der Gummibänder einplanen.

73

Die Lücke in der Quernaht, durch die die Gummibänder zum Schluss eingezogen werden, muss knapp bis zur Hälfte des Bundstreifens reichen – man steppt die Naht also bis etwas über die Mitte zu.

Der Jerseybund

Ein elastischer Bund aus doppelt gelegtem Jersey ist besonders bequem und engt nicht ein. Er ist für Röcke oder Hosen aus leichtem Stoff geeignet, die nur wenig weiter als die Hüftweite sind, denn der Jersey kann nur wenig Gewicht halten. Wenn es sich nicht gerade um eine Kleinkinderhose handelt, ist es besser, zusätzlich ein Gummiband

einzuziehen. Es gibt spezielle Bündchenware, die als Schlauch erhältlich ist, aber auch aus festerem Jersey lässt sich ein Jerseybund nähen.

Ärmelbündchen aus Jersey werden nach dem gleichen Prinzip genäht [73].

Für einen Bund mit einer fertigen Höhe von 24 cm einen 50 cm breiten Jerseystreifen zuschneiden. Die Länge des Streifens richtet sich nach der Taillenweite: je nach Dehnbarkeit des Jerseys schneidet man den Streifen 25–20 Prozent kürzer als die Taillenweite zu. Am besten probieren Sie aus, welche Weite fest genug in der Taille sitzt, sich aber gleichzeitig genügend

ausdehnt, um über die Hüfte zu reichen.

• die kürzeren Seiten des Streifens rechts auf rechts mit Zickzackstich und einer Jerseynadel [S. 6, 18] zusammennähen
• falls zusätzlich ein Gummiband eingezogen werden soll: eine kurze Strecke der Naht offen lassen
• falls Sie Bündchenware verwenden: ein 50 cm langes Stück abschneiden und etwa 10 cm oberhalb einer Schnittkante ein Knopfloch [S. 28] nähen, durch das später ein Gummiband eingezogen werden kann
• in beiden Fällen haben Sie jetzt einen Ring aus Jersey, den Sie links auf links falten
• die offene Kante in Viertel einteilen

• die Viertel mit Stecknadeln markieren und das Jerseybündchen rechts auf rechts an die Oberkante von Hose oder Rock stecken, so dass die markierten Stellen auf die Seitennähte bzw. auf die vordere oder hintere Mitte treffen

• das Bündchen liegt auf der Außenseite von Rock, Hose oder Ärmel [74], alle offenen Kanten liegen bündig aufeinander
• mit Zickzackstich oder einem anderen Elastikstich [S. 18] alle drei Lagen zusammennähen, dabei den

Jersey beim Nähen auf die gleiche Länge dehnen wie die Oberkante von Hose oder Rock [75]
• eventuell an der Nahtzugabe überstehenden Stoff abschneiden

Fester Bund

Ein fester angesetzter Bund wird immer nach dem gleichen Prinzip genäht, egal ob es sich um Hose oder Rock handelt. Bei der Bemessung muss neben Taillenweite und Nahtzugabe [S. 14] eine Zugabe für den **Untertritt** eingeplant werden. Der Untertritt ist der überlappende Teil des Bundes, auf dem zum Schluss der Knopf angenäht wird.

74

Der fertige Bund ist im Allgemeinen 3–4 cm breit, man schneidet die doppelte Bundbreite und an jeder Seite eine Nahtzugabe von 1 cm zu, also einen Streifen von 8–10 cm Breite.

75

Außer bei sehr festem Stoff wie Jeans [S. 70] empfiehlt es sich, den Bund mit stabiler Bügeleinlage [S. 8] zu verstärken. Sie wird in den gleichen Maßen wie der Oberstoff zugeschnitten.

TIPP: Besonders praktisch ist das Nähen mit „Bundfix", einer speziellen Einlage vom Meter, die sich leicht verarbeiten lässt, weil alle Naht- und Faltlinien durch eine Perforation vorgegeben sind. Wenn man normale Einlage verwendet, muss man etwas sorgfältiger messen und planen – zeichnen Sie sich die Nahtlinien mit Bleistift und Lineal direkt auf die Einlage.

- den verstärkten Bundstreifen rechts auf rechts auf die Hosen- bzw. Rockoberkante stecken, die Nahtzugaben an den kürzeren Seiten stehen an beiden Seiten über [76]
- entlang der Oberkante festnähen und den Streifen nach oben bügeln
- der Länge nach zur Hälfte falten, so dass die Kanten der kürzeren Seiten genau aufeinanderliegen
- die kürzeren Seiten steppen, dabei an der Bundnaht ansetzen und die Nahtzugaben der Längskanten nicht mitnähen [77]
- die Nahtzugaben an der Schmalseite werden wie immer beim Verstürzen [S. 20] zurückgeschnitten und die Ecken abgeschrägt

- den Bund wenden, die Nahtzugabe der Längskante einschlagen und feststecken, so dass die erste Naht verdeckt ist [78]

- per Hand festnähen – dann ist an der Außenseite keine Naht sichtbar – oder den Bund rundherum mit der Maschine absteppen [79]

Säume

Ob nun am Ärmel, am Hosenbein, am Rock oder an einer Gardine: den Abschluss bezeichnet man als Saum. An Kleidungsstücken wird er meistens ganz zum Schluss genäht, weil man die richtige Länge am besten beim Anprobieren festlegt. Am einfachsten geht das mit einem Helfer, der rundherum den Abstand vom Boden zum Saum misst und markiert.

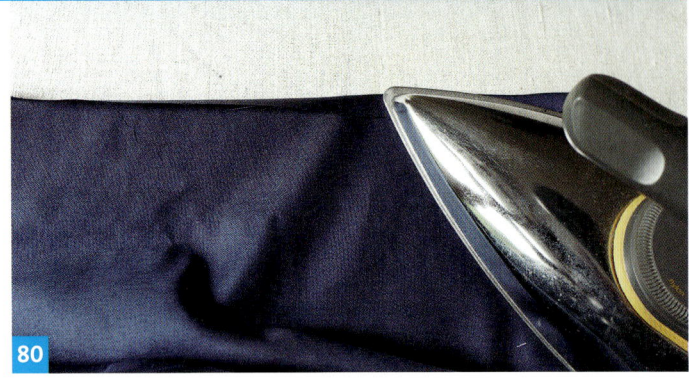

Wenn z. B. ein Rock auf dem Bügel hängend vorne etwas kürzer ist als hinten, hat das seine Richtigkeit: Entscheidend ist, dass der Saum im angezogenen Zustand gerade aussieht – nicht, dass der Rock mathematisch exakt überall gleich lang ist.

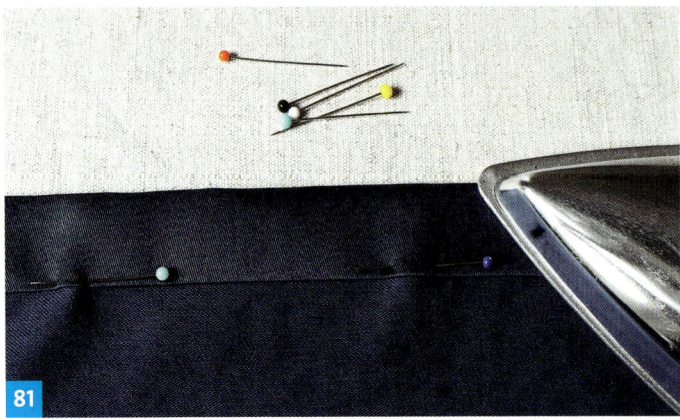

Säume werden in der Regel zweimal eingeschlagen, bevor sie festgenäht werden.

- die Kante einmal knapp, etwa 1 cm breit auf die linke Seite umschlagen und bügeln [80]
- ein zweites Mal in der gewünschten Saumbreite umschlagen, ebenfalls bügeln und feststecken [81]

- dann den Saum knapp an der eingeschlagenen Kante entlang von der linken Seite feststeppen [82] [S. 16]

Die Breite des Saums, also die Breite des zweiten Einschlags, ist zum großen Teil Geschmackssache. Hier einige Anhaltspunkte:

- bei einem geraden Saum bei Rock oder Hose aus mitteldickem Stoff: 4–5 cm
- bei einem gebogenen Saum: 2–3 cm, das ist einfacher zu verarbeiten
- bei leichten Stoffen richtet sich die Saumbreite auch nach der beabsichtigten Wirkung: ein schmaler Saum beschwert den Stoff nicht, er bleibt leicht und flatterig. Manchmal kann aber ein extrem breiter Saumumschlag (10–15 cm) bei einem Rock oder Kleid günstiger sein, weil das Material dann besser fällt.

Wenn der Saum in einer Rundung verläuft, ist an der Einschlagkante mehr Stoff vorhanden, der auf einer kürzeren Strecke untergebracht werden muss. Diese Mehrweite legt man nach Augenmaß in regelmäßigen Abständen in kleine Falten, die beim Nähen des Saums einfach festgesteppt werden.

83

84

Schmaler Saum

Bei sehr stark gerundeten Säumen reichen kleine Fältchen nicht mehr aus – dort näht man am besten einen schmalen Saum. Er ist auch gut geeignet, wenn ein zartes Material gesäumt werden soll, ohne dass es seine Zartheit verliert, zum Beispiel am Abschluss von Rüschen oder Volants. Man rechnet hier eine Saumzugabe von etwa 1,5 cm.

1 cm der Saumzugabe auf die linke Seite bügeln und dicht an der Kante durchsteppen [S. 16]. Die Saumzugabe bis ganz dicht an die Steppnaht wegschneiden [83]. Jetzt die gesteppte Kante ein weiteres Mal auf die linke Seite bügeln und dicht neben der ersten Naht ein weiteres Mal durchsteppen. [84]

85

Handgenähter Saum

Zu vielen Wollstoffen passt ein handgenähter und damit auf der Außenseite unsichtbarer Saum besser als eine Steppnaht [S. 16]. Er ist nicht schwer zu nähen, nur etwas zeitaufwändiger als ein maschinengenähter Saum.
Der handgenähte Saum wird nur einmal eingeschlagen, die offene Kante wird versäubert [S. 20].

So wird's gemacht:
• den Saum gleichmäßig umschlagen und feststecken, nur vorsichtig bügeln, damit sich die versäuberte Kante nicht nach außen durchdrückt

• Nähgarn farblich passend zum Stoff wählen, das Fadenende mit einem Knoten sichern
• die versäuberte Kante zurückschlagen und kurz unterhalb der Versäuberung ausstechen
• mit der Nadel nur ein bis zwei Gewebefäden auf der Rockseite erfassen, so dass der Nähfaden auf der Außenseite nicht sichtbar wird [85]
• Nähfaden anziehen und einige Fäden vom Saumumschlag aufnehmen, dann wieder vorsichtig in die Rockseite einstechen
• den Nähfaden nur leicht anziehen, damit sich die Stiche auf der rechten Seite nicht abzeichnen

Jerseysaum

Bei einem genähten Stück aus Jersey [S. 70] sollte der Saum genauso elastisch sein wie der Stoff. Kleidungsstücke aus dem Laden haben Säume, bei denen auf der Oberseite zwei Nähte zu sehen sind, während auf der Rückseite mehrere verkreuzte Fäden die Schnittkante überdecken und gleichzeitig versäubern. Sie werden von einer Spezialmaschine, der Coverlock, genäht. Falls man so eine Maschine nicht in einem gut ausgestatteten Nähcafé nutzen kann, gibt es mehrere Möglichkeiten, Jersey mit der Haushaltsnähmaschine zu säumen.

Jerseysaum mit der Zwillingsnadel

Eine **Zwillingsnadel** für Jersey näht quasi eine Imitation der Covernaht. Die Zwillingsnadel besteht aus zwei Nadeln, die an einen einzigen Schaft montiert sind. Es gibt sie in verschiedenen Breiten von 2–5 mm, wobei nicht jede Nähmaschine mit den breiteren Zwillingsnadeln arbeiten kann, Hinweise dazu finden Sie im Anleitungsheft Ihrer Maschine.

Als Oberfaden [S. 7] werden zwei Fäden eingefädelt, die zunächst gemeinsam durch die Führungen laufen und schließlich einzeln in die beiden Nadelöhre eingefädelt werden. Beim Nähen entstehen auf der Oberseite zwei parallele Nähte, auf der Unterseite bildet der Unterfaden einen Zickzackstich [86].

Schlagen Sie den Saum in der gewünschten Breite um, bügeln Sie ihn und stecken Sie ihn fest. Da Jersey nicht ausfranst, muss die offene Kante nicht versäubert werden. Steppen [S. 16] Sie mit der Zwillingsnadel von rechts im gleichmäßigen Abstand zur Kante. Am besten zeichnen Sie sich die Stepplinie vor, damit der Umschlag auf der Rückseite mit festgenäht wird. Überstehenden Stoff vorsichtig bis zur Naht wegschneiden.

Allerdings kann das Nähen mit der Zwillingsnadel bei manchen Nähmaschinen zu einem frustrierenden Erlebnis werden. Wenn selbst bei Änderungen an den Einstellungen (größere Stichlänge [S. 6], gelockerte Oberfadenspannung [S. 7], langsam nähen) keine stabile Naht gelingt, wechseln Sie wieder zu einer einfachen Jerseynadel [S. 6, 18] und probieren Sie verschiedene Stiche Ihrer Maschine aus.

Grundsätzlich ist jeder elastische Stich zum Säumen geeignet. Der genähte oder geteilte Zickzackstich [87] ist besonders unauffällig – er besteht aus einem großen Zickzack, der jeweils aus zwei oder drei einzelnen geraden Stichen besteht. Viele Zierstiche [88] sind ebenfalls elastisch, sie können z. B. in abstechender Farbe an einem Kindershirt besonders hübsch aussehen.

86

87

88

Hosenreiß-verschluss mit Untertritt

Ein verdeckter Hosenver-schluss mit Reißverschluss und Untertritt ist nicht so kompliziert, wie Sie meinen! Lediglich der letzte Schritt, das Feststeppen der zwei-ten Reißverschlussseite von rechts, ist etwas kniffelig, weil man nicht genau sieht, was man tut. Aber geben Sie nicht gleich auf: Wenn der erste Versuch nicht gelingt, müssen Sie nur eine einzige Naht wieder auftrennen. Die nachfolgende Anleitung be-zieht sich auf einen Damen-Reißverschluss: der Schlitz öffnet sich für die Trägerin nach links. Für eine Herren-hose gelten die Angaben jeweils spiegelverkehrt.

Für den Untertritt – einen verstürzten Streifen, der Haut und Unterwäsche vor den Reißverschlusszähn-chen schützt – schneidet man sich einen Stoffstreifen zurecht, der 2 cm länger als der Reißverschluss und 7 cm breit ist [89].

89

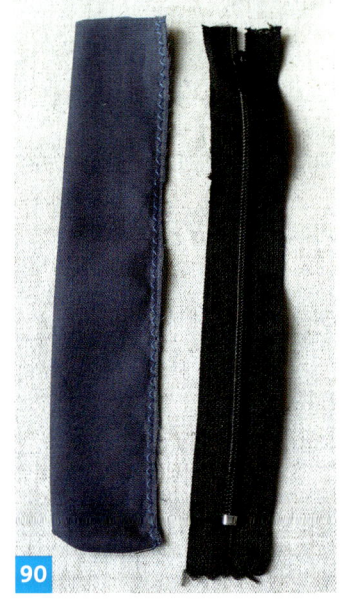

90

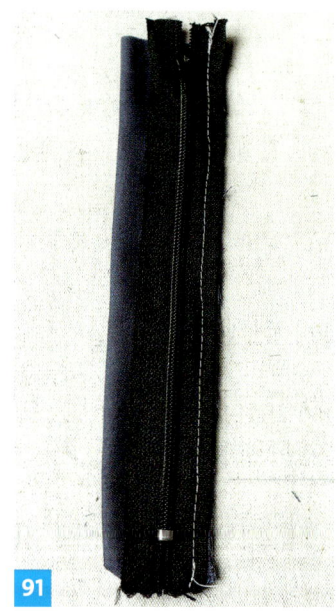

91

- den Streifen der Länge nach rechts auf rechts fal-ten und eine der kürzeren Seiten verstürzen [S. 20]
- die offene längere Seite versäubern, beide Lagen gemeinsam verarbeiten [90]

- den Reißverschluss, Zähne nach oben, Kante an Kante auf den Untertritt legen und mit dem Reißver-schlussfuß [S. 24] das rechte Reißverschlussband darauf festnähen [91]

An der Hose ist die Mittelnaht schon genäht, nur der Reißverschlussschlitz ist noch offen.

- die Zugaben für den Schlitz an der im Schnitt markierten vorderen Mitte nach hinten umklappen
- beim linken Vorderteil, liegt der Bruch direkt an der Markierung der Mitte, beim rechten Vorderteil etwa 5–10 mm links neben der Markierung, so dass die Vorderteile etwas überlappen [92]
- den Reißverschluss mit dem festgenähten Untertritt unter diese rechte, hervorstehende Kante legen und mit dem Reißverschlussfuß [S. 24] entlang der Bruchkante festnähen [93]
- den Untertritt nach hinten wegklappen und feststecken, damit er beim folgenden Nähschritt nicht im Weg liegt
- die Hose flach hinlegen und die vordere Kante zustecken
- die linke, noch lose Seite des Reißverschlusses durch alle Lagen feststecken

92

93

- dabei die abschließende Stepplinie von der vorderen Mitte entfernt einzeichnen, am unteren Ende mit einer Rundung. Sie verläuft etwa 2,5–3 cm von der Mitte entfernt, abhängig davon, wie stark sich die Vorderteile in der Mitte überschneiden [94]

Kontrollieren Sie noch einmal, ob damit auch der Reißverschluss erfasst wird. Wenn Sie bisher richtig gemessen haben, sollte es klappen!

- die Steppnaht [S. 16] von oben nach unten nähen, entlang der vorgezeichneten Linie, bis zum Beginn der Rundung
- die Naht dort nicht vernähen, sondern die Hose aus der Maschine nehmen und die Fäden zum Verknoten hängen lassen [95]
- den weggesteckten Untertritt nach vorn klappen und die Naht an der gleichen Stelle am Beginn der eingezeichneten Rundung neu ansetzen

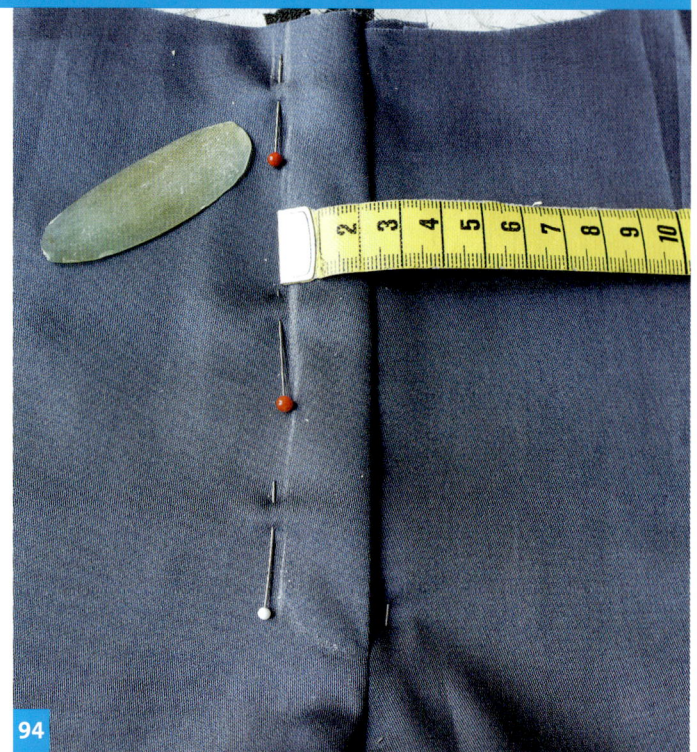

94

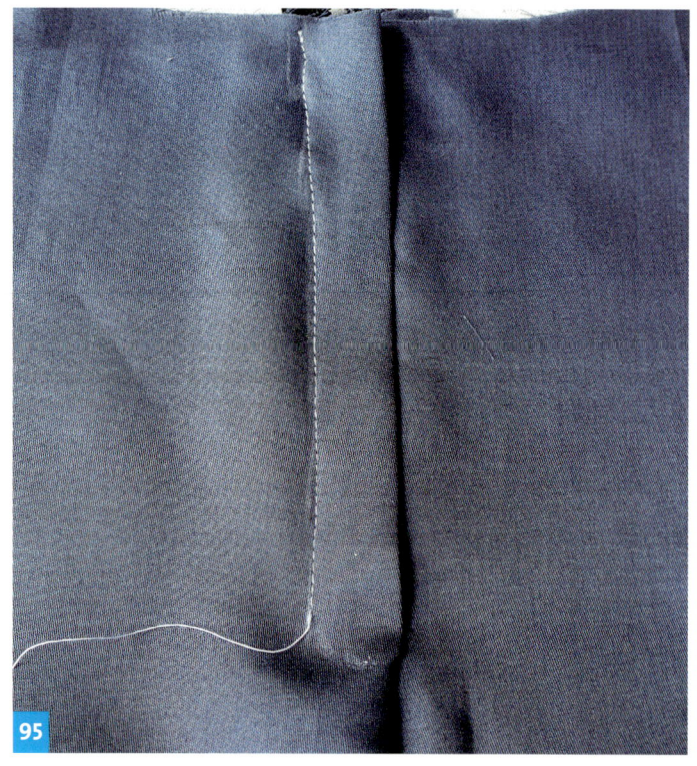

95

96

- Bei Jeans wird diese Ansatzstelle meistens durch einen eng genähten Zickzackstich verstärkt – schauen Sie sich eine gekaufte Hose einmal daraufhin an.

TIPP: Wenn man die Nadel genau in den letzten Stich der vorigen Naht einstechen lässt und die Fäden später auf die Rückseite zieht, ist der Ansatz fast unsichtbar.

- die Rundung bis zur vorderen Mitte steppen [96]
- langsam und vorsichtig, eventuell nur mit dem Handrad, über den Reißverschluss nähen: die Nadel sticht zwar durch Plastik, manche Reißverschlüsse haben aber eine Metallklammer als Abschluss.
- der Untertritt wird dabei mit festgenäht
- an der vorderen Mitte kann wie bei einer Jeans sichtbar vernäht werden, oder Sie ziehen die Fäden wie üblich auf die Rückseite und verknoten sie dort.

Und fertig ist der Hosenreißverschluss! [97]

97

Projekte

Kissenbezug mit Applikation

Für die Gestaltung von Applikationen gibt es viele Möglichkeiten: Vorlagen für einfache Motive findet man zum Beispiel in Bilderbüchern, wenn man selbst nicht so gut zeichnen kann.

Der Kissenbezug mit so genanntem Hotelverschluss kommt ohne Knöpfe und Reißverschluss aus, das Innenkissen wird durch übereinander liegenden Stoff verdeckt. Der Bezug kann nach eigenen Maßen für jedes beliebige rechteckige oder quadratische Kissen genäht werden.

Material

- Stoff für den Bezug – für den ersten Versuch ein mitteldicker, glatter Webstoff
- Stoffreste für die Applikationen, am besten Baumwollstoffe
- Nähgarn in zu den Stoffen passenden Farben
- ein Stück Vliesofix-Klebevlies in passender Größe für die Applikation
- Bleistift

Applikation

Vliesofix ist ein aufbügelbares Klebevlies mit einer Papierseite. Auf diese Seite kann mit Bleistift gezeichnet werden. Am besten zeichnen Sie die Vorlage für die Applikation auf Papier vor, legen das Vliesofix mit der Papierseite nach oben darüber und zeichnen die durchscheinenden Umrisse mit Bleistift nach.

Schneiden Sie das Motiv grob aus und bügeln Sie es mit der Einstellung „Wolle" (zwei Punkte) auf die Rückseite des Applikationsstoffes.

ACHTUNG: Da das Vliesofix auf die Rückseite des Stoffes gebügelt wird, erscheint das Motiv später seitenverkehrt. Bei Buchstaben und anderen nicht-symmetrischen Motiven darauf achten, dass das Motiv gespiegelt und damit seitenverkehrt übertragen wird.

Jetzt schneiden Sie das Motiv exakt aus [1] und ziehen das Schutzpapier ab. Platzieren Sie es an der gewünschten Stelle auf dem Stoff und bügeln Sie es mit Dampf oder einem feuchten Tuch fest [2]. Die Kante der Applikation mit Zickzackstich umranden,

so dass die Nadel auf einer Seite immer knapp neben der Kante des Motivs einsticht [3]. Es ist Geschmackssache, wie breit und wie dicht die Stiche gewählt werden – probieren Sie verschiedene Einstellungen aus. Das Umranden ist einfacher, wenn die Zickzackstiche nicht allzu dicht sind. Durch das Vliesofix haftet die Applikation bereits auf dem Stoff und franst kaum noch aus. In Rundungen möglichst langsam nähen und die Applikation Stück für Stück unter dem Nähfuß drehen. Wenn nötig anhalten, den Nähfuß anheben und den Stoff ein Stück drehen. An ganz kniffeligen Stellen hilft es, die Maschine nur mit dem Handrad anzutreiben. An den Ecken anhalten, so dass die Nadel am äußersten Punkt der Ecke im Stoff steckt, den Nähfuß anheben, den Stoff drehen, den Nähfuß wieder senken und in die andere Richtung weiternähen.

Zum Schluss ganz dicht an die Anfangsstiche herannähen und später die Fäden auf die Rückseite ziehen und verknoten. Fertig [4]!

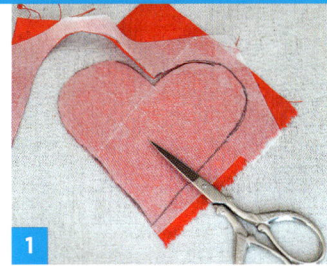

TIPP: Mit dieser Applikationsmethode lassen sich auch Flicken auf Kinderkleidung befestigen – bei Hosenbeinen müssen Sie dazu allerdings die Seitennaht auftrennen, um den Flicken aufnähen zu können.

Kissenbezug zuschneiden

Das Kissen ausmessen und einen Stoffstreifen aus dem Grundstoff zuschneiden: 3 cm breiter als die kürzere Seite des Kissens und zweieinhalb Mal so lang wie die längere Seite. Das Beispielkissen ist 35 × 35 cm groß, der Stoffstreifen misst also 38 × 87,5 cm.

Kissenbezug nähen

Den Stoff an beiden kürzeren Seiten des Streifens erst 1 cm nach links umbügeln, dann noch einmal 2 cm umschlagen und entlang des Bruchs feststecken. Knapp neben dem Bruch feststeppen [5] [S. 16].

Breiten Sie nun den Stoffstreifen so aus, dass die rechte Seite oben liegt.

Falten Sie das linke Ende rechts auf rechts, so dass das umgefaltete Stück der anfangs gemessenen längeren Seite des Kissens entspricht. Dieser doppelt gelegte Stoff bildet später die Ober- und die Unterseite des Kissenbezugs. Den restlichen Stoff rechts nach links falten, so dass die gesäumte Kante der unteren Lage direkt im Bruch liegt. Der gefaltete Stoffstreifen hat nun die Größe des Kissens, rechts ist ein Einschlag, dort liegen drei Stofflagen übereinander.

Stecken Sie nun alle Stofflagen entlang der beiden offenen Seiten fest und nähen Sie diese mit 1,5 cm Abstand zu den Schnittkanten, dabei Anfang und Ende jeweils mit ein paar Rückwärtsstichen [S. 17] sichern.

An den Ecken die Nahtzugaben schräg zurückschneiden und die Nahtzugaben gemeinsam mit Zickzackstich versäubern [6] [S. 20]. Den Kissenbezug wenden und bügeln. Eine kürzere Seite des Bezugs ist offen, dort schieben Sie die Kissenfüllung ein. Der Einschlag im Inneren verdeckt die Füllung.

5

6

Ansteckblume aus Stoff

Die Ansteckblumen, die nicht nur ein Revers, sondern auch eine Tasche oder ein Haargummi schmücken würden, bestehen aus eingekräuselten [S. 23] Stoffstreifen aus dünnem Webstoff oder Jersey [S. 70]. Man kann sie aus jedem beliebigen Material arbeiten, muss dann aber die Maße anpassen: Eine Blume aus dickem Samt [S. 71] braucht weniger Stofffülle als eine Blume aus Chiffon [S. 70].

Material

- dünner Baumwollstoff oder dünner Jersey
- Handnähnadel
- zum Befestigen: eine kleine Sicherheitsnadel, Zopfgummi oder eine Haarspange

Zuschneiden

Pro Blume einen Stoffstreifen von etwa 70 cm Länge und 10 cm Breite zuschneiden. Den Streifen mit der rechten Stoffseite nach innen der Länge nach falten. An beiden kürzeren Seiten beide Lagen aufeinandersteppen [S. 16], am Bruch mit einer kleinen Rundung beginnen.

Die Nahtzugaben auf 5 mm zurückschneiden, den Streifen wenden und bügeln.

Für die Blütenmitte an einem Ende des Streifens ein schmales Dreieck wegschneiden: von der Mitte der verstürzten [S. 20] kürzeren Seite auslaufend zur offenen Kante [1].

Die offene Längskante mit einer Hilfsnaht einkräuseln [S. 23] und den Stoffstreifen auf etwa 35–40 cm Länge zusammenschieben [2]. Der gekräuselte Streifen wird nun vom abgeschrägten Ende her aufgewickelt und Runde für Runde mit einigen Handstichen festgenäht [3]. Die Kräusel beim Festnähen so verteilen, dass eine Rosenform entsteht: in der Mitte den Streifen glatter lassen, nach außen zu immer stärker kräuseln. Zum Schluss den Faden der Hilfsnaht zum Einkräuseln verknoten und die Enden abschneiden.

Auf der Rückseite der Blume kann eine kleine Sicherheitsnadel, eine Broschennadel, eine Haarspange oder ein Haargummi festgenäht werden.

Kleine gefütterte Tasche mit Reißverschluss

Kleine Reißverschluss-taschen sind schnell genäht und immer zu gebrauchen. Da man sie auch vielfältig verzieren und so auf den Empfänger abstimmen kann, sind sie ein ebenso persönliches wie praktisches Geschenk.

Material für ein rechteckiges Täschchen (12 × 18 cm)

- Stoff für die Außenseite, 40 × 15 cm
- feste Bügeleinlage (Vliese-line H250), 40 × 15 cm
- Bänder nach Wunsch (40 cm)
- Futterstoff, am besten dün-ne gewebte Baumwolle, 40 × 15 cm
- Reißverschluss 20 cm

Zuschneiden

Schneiden Sie aus Oberstoff, Futter und Einlage [S. 8] je-weils zwei Rechtecke in der Größe 14 × 20 cm aus. Die Einlage auf die linke Stoff-seite des Oberstoffs bügeln. Sehr fester Oberstoff wie z. B. Jeansstoff [S. 70] muss nicht verstärkt werden.

Bänder aufnähen

Die Bänder nach Wunsch auf der rechten Seite der Oberstoffteile feststecken [1]. Eventuell mit einem Klebestift aus dem Bürobedarf zusätzlich fixieren – der Kleber ist auswaschbar.

Die Bänder mit passendem oder kontrastierendem Garn – je nach Geschmack – knapp entlang der Kante aufnähen. Wenn Sie einen Zickzackstich oder einen Zierstich verwenden, ist es einfacher, die Kante des Bandes genau zu treffen [2].

Tasche nähen

Den geschlossenen Reißverschluss, Oberseite nach unten, auf einem Rechteck aus dem Oberstoff ausrichten: die rechte Seite des Oberstoffs liegt oben, die Kante des Reißverschlussbandes verläuft parallel zur Stoffkante [3]. Ein Futterrechteck, rechte Stoffseite nach unten, ebenso ausrichten und entlang des Reißverschlussbands feststecken [4]. Der Reißverschluss liegt zwischen den beiden Stofflagen, die rechten Seiten der Stoffe zeigen zueinander.

5

6

ecke vom Reißverschluss wegklappen und bügeln [6].

Die Stoffrechtecke jetzt so zusammenlegen, dass Futterstoff auf Futterstoff und Oberstoff auf Oberstoff liegt – die rechten Stoffseiten sind nicht sichtbar. Die Schnittkanten genau aneinander ausrichten und entlang der Kanten feststecken.

WICHTIG:Jetzt unbedingt den Reißverschluss bis zur Hälfte öffnen – die Tasche lässt sich sonst nicht wenden!

Auf der Seite des Oberstoffes kurz hinter dem Reißverschluss mit einigen Rückwärtsstichen [S. 17] beginnen und entlang der Kanten mit 1 cm Nahtzugabe steppen [S. 16], die kürzere Seite entlang bis kurz vor die Ecke. Dort die Richtung wechseln, die längere Seite und die zweite kürzere Seite nähen. So dicht wie möglich an den Reißverschluss herannähen und die Naht mit einigen Rückwärtsstichen sichern.

Mit dem Reißverschlussfuß der Nähmaschine [S. 24] etwa eine halbe Füßchenbreite (7 mm) von der offenen Kante entfernt nähen [5]. Beide Stoffe vom Reißverschluss wegklappen, so dass die linken Stoffseiten nun aufeinanderliegen.

Auf der anderen Seite des Reißverschlusses die beiden restlichen Futter- und Oberstoffteile in gleicher Weise feststecken und festnähen und dabei darauf achten, dass Oberstoff und Futter jedes Mal auf der gleichen Seite liegen. Die Stoffrecht-

Auf der Futterseite dicht am Reißverschluss neu ansetzen, einige Stiche rückwärts nähen, entlang der kürzeren Seite und um die Ecke. An der längeren Seite der Tasche nur einige Zentimeter weiternähen und den Faden vernähen. Dort bleibt ein Stück Naht offen, durch das die Tasche zum Schluss gewendet wird.

Auf der anderen Seite ebenso am Reißverschluss beginnen, vernähen, die kürzere Seite und ein kleines Stück der längeren Seite nähen [7].

Kontrollieren Sie jetzt ein letztes Mal, ob sich nichts verschoben hat. Dann schneiden Sie die Nahtzugaben zurück und schrägen sie an den Ecken von Oberstoff und Futter ab [8].

Wenn Sie ein flaches Täschchen haben wollen, können Sie es jetzt wenden.

Für ein **Täschchen mit ausgeformtem Boden** [9] streichen Sie die Nahtzugaben auseinander und falten Sie den Stoff an den Ecken so, dass dort immer Naht auf Naht liegt [10]. Diese Spitze quer abnähen, im Abstand

von 2 cm zur Ecke, dabei den Anfang und das Ende der Naht gut befestigen. Die abgenähten Spitzen 5 mm neben der Naht abschneiden [11].

Jetzt können Sie die Tasche wenden: Dazu ziehen Sie erst das Futter über die Außenseite und stülpen dann das gesamte Täschchen um. Die Ecken von innen mit einer Scherenspitze oder einer Stricknadel vorsichtig ausformen und das Täschchen leicht bügeln. Die Wendelücke im Futter mit ein paar Handstichen schließen [12].

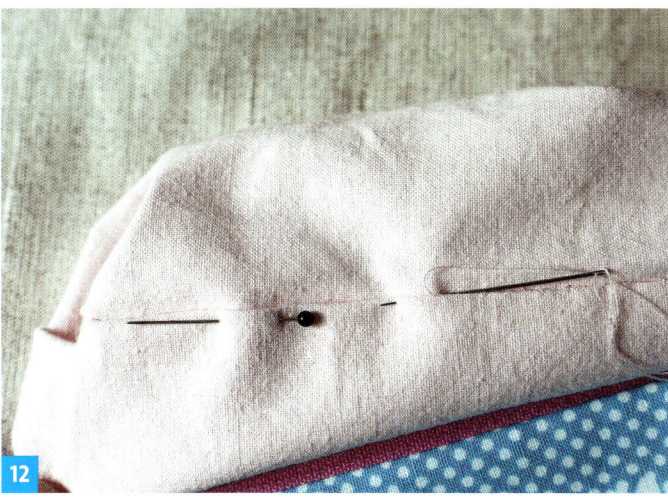

Buchhülle mit gestempeltem Namen oder Monogramm

Eine passgenaue Stoffhülle für ein Buch ist schnell und einfach genäht. Mit gestempelten Monogrammen oder Namen ist sie außerdem ein persönliches Geschenk. Alphabet-Stempelsets oder Namensstempel gibt es im Bastel- oder Spielzeugladen. Stempelkissen mit hitzefixierbarer Stempelfarbe sind eigentlich für die Papierbastelei gedacht, sie stempeln aber auch auf Stoff und sind nach dem Bügeln sogar mit niedriger Temperatur waschbar. Für Buchhüllen eignen sich dünne gewebte Baumwollstoffe am besten.

Material

- Stoff für die Außenseite, Futter und Klappen
- starke Bügeleinlage (Vlieseline H250) zur Verstärkung des Außenstoffs und der Klappen
- Alphabet- oder Namensstempel
- hitzefixierbare Stempelfarbe (z. B. Versacraft ink, im Bastelladen fragen)
- gewebtes Baumwollband

Zuschneiden

Sie brauchen drei Rechtecke gleicher Größe aus Außenstoff, Futter und Bügeleinlage, die Maße richten sich nach den Abmessungen des Buches: Für die Länge einmal waagerecht um das geschlossene Buch herum messen, von der vorderen Kante des Buchdeckels über den Buchrücken nach

bügeln Sie die Nähte sorgfältig auseinander und messen Sie nach, ob das zusammengesetzte Rechteck die richtige Größe hat [2].

Für die Klappen schneiden Sie zwei Rechtecke aus Stoff und zwei gleich große aus Einlage [S. 8] zu, die der eben ermittelten Höhe des Buches mit Zugabe entsprechen und die etwa halb so breit wie das Buch sind (5–7 cm).

Bügeln Sie die Einlage auf die Rückseite des Oberstoffs und auf die Rückseite der beiden Klappen.

Gestempelter Namenszug

Sie können den Oberstoff nach Wunsch verzieren, z. B. mit einem gestempelten Namenszug. Im abgebildeten Beispiel wurde der Namenszug auf ein gewebtes Baumwollband gestempelt, das anschließend mit Zickzackstich auf den Oberstoff genäht wurde – falls die Stempelei misslingt, braucht man nur ein neues Stück Band [3].

hinten, und zu diesem Maß 2,5 cm addieren (je 1 cm Nahtzugabe an den Seiten, 5 mm Spielraum) [1].

Die Breite des Stoffrechtecks entspricht der Höhe des Buches, ebenfalls mit 2,5 cm Zugabe.

Die Außenseite des Umschlags kann beliebig längs oder quer aus Stoffstreifen zusammengesetzt werden. Nähen Sie dazu erst die Stoffstreifen zusammen,

Nähen

Versäubern [S. 20] Sie jeweils eine längere Seite der Klappenteile mit Zickzackstich und bügeln Sie sie knapp nach hinten. Die umgebügelte Kante feststeppen [4] [S. 16].

Den Oberstoff mit der rechten Seite nach oben glatt hinlegen. Die beiden Klappenteile, Einlageseite nach oben, rechts und links bündig auf den Oberstoff legen, so dass die Kanten genau übereinstimmen [5].

Darauf kommt das Futter, ebenfalls mit der linken Stoffseite nach oben [6]. Gut feststecken und darauf achten, dass die drei Lagen wirklich genau aufeinander-liegen.

7

8

9

In 1 cm Abstand zur Kante
einmal rundherum nähen,
an einer der langen Seiten
zwischen den Klappen ein
Stück Naht offenlassen [7].
Die Ecken vorsichtig dicht an
der Naht diagonal zurück-
schneiden und alles wenden
[8], die Buchhülle bügeln
und die Öffnung zustecken.
Die beiden langen Seiten
ganz dicht an der Kante
absteppen [9]. Fertig [10]!

10

Kleine Stoffkunde

Stoffe muss man sehen und fühlen, denn nicht jeder Stoff ist für jedes Nähprojekt gleichermaßen geeignet.

Diese Stoffkunde kann nur einen ersten Überblick über die häufigsten Stoffe und ihre Verarbeitung geben, denn es kommen ständig neue Materialien auf den Markt. Viele Stoffbezeichnungen sind nicht normiert, daher versteht unter Umständen jeder Händler darunter etwas anderes.

TIPP: Lassen sie sich vorab Stoffmuster zuschicken, falls Sie nicht vor Ort im Laden einkaufen können.

Batist

Feinfädiger, transparenter Stoff, meistens aus Baumwolle oder Baumwoll-Polyester-Mischung, bunt bedruckt oder einfarbig. Geeignet für Blusen, Nachtwäsche, Kinderkleidung. Eine feine Nadel (Stärke 70) verwenden und mit kleiner Stichlänge nähen.

Chiffon

Sehr zartes, transparentes Gewebe aus Polyester oder Seide, einfarbig oder bunt bedruckt und schwierig zu verarbeiten. Eine feine Nadel (60 oder 70) und eine kleine Stichlänge verwenden.

Elasthan

Als Beimischung in vielen Stoffen erhöht Elasthan die Dehnbarkeit. Eine Stretchnadel verwenden, falls die Maschine mit der Standardnadel Stiche auslässt.

Fleece

Sehr flauschiger, leicht elastischer Stoff aus Polyester bzw. Mikrofaser in verschiedenen Stärken, geeignet für Jacken oder Pullover. Mit einer Standardnadel in Stärke 80 oder 90 und mittlerer bis großer Stichlänge nähen.

Gabardine

Ein kräftiger Stoff, meistens einfarbig, aus Baumwolle, Polyester oder einer Mischung aus beiden Fasern, mit oder ohne Elasthan-Anteil, geeignet für Hosen und Jacken. Eine mittlere Nadel (Stärke 80 oder 90) und eine mittlere bis große Stichlänge verwenden.

Jeans / Denim

Fester Webstoff in Köperbindung aus Baumwolle, teils mit Elasthan-Anteil. Der Klassische Denim ist dunkelblau, färbt beim Waschen stark aus und läuft ein; mittlerweile gibt es Jeans aber auch in vielen anderen Farben. Eine Jeansnadel und eine große Stichlänge verwenden.

Jersey, Interlock, Sweat

Diese Stoffe sind gestrickt, nicht gewebt, und daher elastisch. Jerseys gibt es aus Baumwolle, Viskose, Wolle und Mischungen, in verschiedenen Stärken, mit oder ohne Elasthan-Anteil. Interlock ist eine Abart des Jerseys, bei dem die rechte und die linke Seite das gleiche Maschenbild zeigen, er ist meistens nicht so elastisch wie einfacher Jersey. Sweat ist auf der rechten Seite glatt, die linke Seite ist flauschig aufgeraut. Alle Trikotstoffe werden mit einer Jerseynadel genäht, deren Stärke sich nach dem Material richtet: Feinen Jersey mit feiner Nadel (70) nähen, Sweat mit einer mittleren Nadel (80 oder 90). Zickzackstich oder einen Elastikstich verwenden.

Leinen

Bezeichnet im engeren Sinne einen Stoff, der aus den Fasern des Leins besteht. Im Handel werden aber häufig auch Mischungen mit Baumwolle oder Viskose als Leinen verkauft. Reines Leinen neigt sehr stark zum Knittern. Leinenstoffe sind in verschiedenen Qualitäten erhältlich und daher für Kleidungsstücke von der Bluse bis zur Hose oder Jacke geeignet. Die Nadel und die Stichlänge richtet sich nach der Materialstärke: feines Leinen mit einer feinen Na-

del (Stärke 70) und kleinen Stichen nähen, robustes Hosenleinen mit einer mittleren Nadel (Stärke 90) und größeren Stichen.

Popeline

Dicht gewebter Stoff, meistens aus Baumwolle oder Baumwollmischung mit Polyester, mit oder ohne Elasthan-Anteil, meistens einfarbig. Gibt es in unterschiedlichen Stärken: dünne Popeline ist geeignet für Hemden und Blusen, dickere für Sommerjacken und -mäntel. Eine mittlere Nadel (Stärke 80 oder 90) und eine mittlere bis große Stichlänge verwenden.

Samt, Cordsamt, Pannesamt

Gewebe mit Flor, aus Baumwolle, Polyester, Viskose, Seide oder Mischungen dieser Fasern. Samt und Cord haben einen Strich, das heißt der Stoff zeigt je nach Richtung eine andere Farbschattierung, dies muss beim Zuschneiden beachtet werden. Samt und Cordsamt aus Baumwolle und Baumwollmischung sind für Jacken und Hosen geeignet,

mit stärkerer Nadel (90) und großen Stichen nähen. Pannesamt hat keinen Strich, ist elastisch und meistens aus Polyester. Mit einer Jerseynadel und Elastikstich vernähen.

Satin

Stoff mit einer glänzenden und einer matteren Seite aus Baumwolle, Polyester oder Seide. Satin aus Polyester („Faschingssatin") ist sehr rutschig und daher für erste Nähprojekte nicht so gut geeignet. Mit einer feineren bis mittleren Nadel (Stärke 70 oder 80) und mittlerer Stichlänge nähen.

Walk

Gefilztes, leicht elastisches Gewebe aus Wolle oder Wolle mit Acrylbeimischung, in verschiedenen Stärken sowohl für Jacken als auch für Röcke oder Kleider erhältlich. Walk franst nicht aus und muss nicht versäubert werden. Oft wird Walk daher mit den Nahtzugaben nach außen verarbeitet. Eine mittlere Nadel (Stärke 80 oder 90) und eine mittlere bis große Stichlänge verwenden.

Register